# La memoria en plena forma

Jocelyne de Rotrou

# La memoria en plena forma

Traducción de José Serra

ROBIN BOOK

Si usted desea que le mantengamos informado
de nuestras publicaciones, sólo tiene que remi-
tirnos su nombre y dirección, indicando qué temas le interesan, y gustosamente complacere-
mos su petición.

Ediciones Robinbook
Información Bibliográfica
Aptdo. 94.085 - 08080 Barcelona

Improving your memory

Título original: *La Mémoire en Pleine Forme*.
© 1993, Éditions Robert Laffont, S.A. París.
© 1997, Ediciones Robinbook, SL.
   Aptdo. 94.085 - 08080 Barcelona.
Diseño cubierta: Regina Richling.
ISBN: 84-7927-202-3.
Depósito legal: B-5.024-1997.
Fotocomposición de Pacmer, Alcolea, 106-108, 08014 Barcelona.
Impreso por Romanyà Valls, Pça. Verdaguer, 1, 08786 Capellades.

Impreso en España - *Printed in Spain*

# Prólogo

«No sé qué hago con mis llaves. He perdido mis gafas, he olvidado telefonear a mi prima. ¿Cómo se llama ese presentador de la tele? Me parece haber visto ese objeto en alguna parte, pero ¿dónde?...»

Todas estas afirmaciones e interrogaciones, y otras por el estilo, jalonan inútilmente su vida cotidiana.

En primera instancia, estos hechos de recurrencia habitual le divierten, o a veces le irritan, sin más. Se promete ser más observador, prestar más atención, sin que esas buenas intenciones trasciendan al plano de la efectividad. Pero con frecuencia, al cabo de un cierto tiempo, una vaga inquietud se insinúa y se pregunta a sí mismo si esos olvidos, esas pequeñas lagunas, podrían ser una señal de problemas más graves. Entonces se cuestiona: «¿Y si tuviese problemas de memoria?»

Otro enfoque de este problema: forma parte de lo que se denomina la «tercera edad» y ha oído hablar de degeneración cerebral, de la enfermedad de Alzheimer. En este caso, cada pequeño olvido le parece sintomático y le gustaría saber a qué atenerse. Sobre todo, se pregunta si es posible intervenir para evitar la aparición de estas degeneraciones.

Tomemos otro caso: es usted un «ejecutivo agresivo» en plena madurez, enfrentado a los sobresaltos de un contexto socioprofesional muy evolutivo. En la época de sus padres, se escogía un oficio y éste era ejercido generalmente durante toda la vida. Entonces, todo era simple. Difícil pero simple. No ocurre así actualmente. Se encuentra sometido a rápidas mutaciones tecnológicas que le obligan a estudiar y aprender constantemente, a reciclarse y volver a reciclarse... Esta evolución continua en un contexto cada vez más competitivo exige una capacidad de adaptación y readaptación permanente. Basta con que surjan algunos problemas personales para que deje de concentrarse, para que se instalen el agotamiento y el agobio y se produzcan por su causa serios desgastes. Y además, entre sus colegas se encuentran los «jóvenes lobos», que se agitan, funcionan con mayor rapidez que usted y constituyen una amenaza. ¿Va a hacerles frente, va a mantenerse en la brecha o va a hundirse? Le va a resultar imprescindible disponer de un cerebro totalmente efectivo, pero ¿cómo conseguirlo? Ésa es la cuestión...

Otra situación: es usted estudiante. Sus notas son muy buenas, pero se da cuenta de que para mantener ese nivel debe realizar un esfuerzo intelectual permanente. Y esa necesidad le produce una cierta ansiedad. ¿Va a tener que llevar siempre ese ritmo infernal? A veces tiene la impresión de estar al límite de sus posibilidades, asfixiado por las toneladas de conocimientos que debe digerir...

Tomemos un ejemplo más sencillo: recientemente ha observado que, en su familia, una de sus tías sufre olvidos, deficiencias, problemas de memoria. Muy lógicamente, usted se plantea la pregunta: «Y yo, ¿cómo estaré a su edad?» Después de todo, no es algo tan lejano...

Más sencillo aún, le encanta realizar esos «tests de inteligencia» que con tanta frecuencia aparecen en las revistas. Sin embargo, las puntuaciones obtenidas son mediocres y comienza a plantearse: «¿Son serios estos ejercicios? Y, en caso de que sea así, ¿significa eso que mi caudal está agotado? ¿Puedo hacer algo antes de que las cosas vayan más allá?»

Naturalmente, estas diversas situaciones están simplificadas en extremo. La realidad presenta mayor complejidad y riqueza. Las preguntas que cada cual llega a plantearse sobre sus facultades intelectuales –o que

se insinúan confusamente sin atreverse a formularlas–
están mucho más matizadas. Me he limitado a citar las
principales motivaciones de las personas que encuentro en mi actividad habitual.

Digamos que, por regla general, la mayoría de los
adultos, cualquiera que sea su edad, se sienten intere-
sados por su cerebro y se interrogan sobre su buen o
mal funcionamiento. ¿Quién no ha tenido nunca la
ocasión de constatar, en uno u otro momento y en grados muy diversos, un descenso de su capacidad de memorización, de las facultades intelectuales propias o
las de alguien cercano? ¿Quién no ha experimentado
nunca la necesidad de mantenerse en forma en este
campo, e incluso de progresar?

En resumen, la pregunta fundamental es siempre
la misma: *Me interesa mi memoria, ¿puedo mejorar su
funcionamiento?*

A esta pregunta a veces obsesiva la sociedad y los
medios de comunicación están comenzando a dar un
conato de respuesta. Desde hace algunos años, se ha
constatado la introducción en el discurso sociomediático de lo que se llama «el deporte cerebral».[1] En radio,
en televisión, en la prensa escrita, se habla abundan-
temente de «cerebro en plena forma», de «gimnasia de
las neuronas», de «entrenamiento de la memoria»...

1. Éditions Hachette.

Este mismo fenómeno se reproduce a escala internacional.

Pero ¿nos encontramos simplemente ante una moda, un fenómeno social pasajero?

Los especialistas coinciden en pensar que no. Los últimos veinte años han aportado a la neuropsicología un conjunto de conocimientos que legitiman este entusiasmo por el «deporte cerebral». Las más recientes investigaciones han demostrado que el cerebro puede modificar favorablemente su estructura y su funcionamiento cuando se estimula convenientemente. Estos grandes descubrimientos han tenido como principal consecuencia la actual proliferación de métodos de estimulación cerebral, de «talleres de memoria», etc.

Naturalmente, como en toda propagación mediática de un fenómeno nuevo, resulta difícil evitar los excesos. En la actualidad se puede hablar de sobreexceso mediático del fenómeno del «deporte cerebral». En consecuencia, estamos asistiendo tanto a una saturación de métodos de estimulación de la memoria –y por tanto, a una especie de «mnemomanía»– como a un rechazo encubierto o declarado.

Lo importante es mantener la mente abierta... y encontrar el justo medio.

En primer lugar, recordemos que la preocupación por la memoria no es una aspiración nueva. Se viene realizando desde la Antigüedad, como demuestra el método de los *loci*, que consistía en establecer asociaciones de ideas entre las informaciones y los lugares.

Sin embargo, hasta hace sólo veinte años se consideraban aceptables los problemas de memoria y se encontraba completamente «normal» que las personas, superada una cierta edad, perdieran un poco la cabeza. Es el precio de la vejez o la fatalidad, se limitaban a decir.

Actualmente, los especialistas del cerebro, al evolucionar sus conocimientos, han hecho evolucionar también sus mentalidades. Ahora se sabe que el cerebro no es un órgano de funcionamiento inmutable sobre el que resulta imposible intervenir: por el contrario, se ha comprendido que no sólo puede adaptarse, sino que también puede modificarse favorablemente cuando el entorno psicosocial es estimulante y se preserva el equilibrio afectivo. Este rechazo de la fatalidad y esta esperanza de poder actuar sobre el cerebro se convierten en datos capitales que están llamados a intervenir en nuestro futuro y en el de nuestros seres cercanos.

Esta obra se hace eco de los nuevos descubrimientos científicos y de la nueva perspectiva que se deriva de ellos. Se dirige principalmente a las personas (jóvenes o mayores) interesadas por su memoria y con deseos de desarrollarla. Propone una reflexión, métodos y ejercicios.

Pero, atención, precisemos desde este mismo momento que no contiene ninguna receta milagrosa que haga de usted un ser «superdotado», capaz de resolver cualquier tipo de problema. Su cerebro no puede cambiar su naturaleza, ni tampoco puede modificar su personalidad profunda, a cuya elaboración ha contribuido y con la que funciona en estrecha conexión.

Sencillamente –aunque resulte algo crucial–, será capaz de *actuar* para desarrollar su potencial. En la vida cotidiana, reducirá sus olvidos, sus «lagunas» de memoria. A más largo plazo, contribuirá activamente al aumento de sus recursos personales.

Así pues, esta obra es una especie de «libro-instrumento». A usted corresponde servirse de él. No le marcará ninguna pauta severa ni le impondrá plazos o metas fijas (nada de planificaciones rígidas o marcas cronometradas): un cerebro «educado», asociado a una personalidad equilibrada, sabe actuar rápidamente cuando las condiciones lo exigen. Pero no es siempre necesario imponerse la rapidez. Cada cual debe utilizarlo a su manera, a su ritmo y según su personalidad.

Antes de proseguir, debo exponer algunas palabras sobre mis primeras reflexiones en el terreno del funcionamiento cerebral y sobre el itinerario que he seguido.

Todo comenzó en 1970, cuando un profesor de neuropsiquiatría de un hospital de Grenoble confió a la estudiante de psicología que yo era entonces un tema de investigación apasionante:

–Bueno –me dijo, básicamente–, tengo un problema en mi unidad. Llegan personas con traumatismo craneal que se quejan de problemas de memoria. Se les hace una revisión de rutina y no encontramos nada. Si el tema le interesa, intente comprender las razones de este fenómeno. ¿Es que esas personas no tienen realmente ningún problema o es que nuestros instrumentos de investigación no son lo suficientemente sensibles para detectar problemas relativamente menores?

Se me pidió que elaborara una metodología para estudiar en profundidad los problemas de la memoria. Remarquemos aquí que, si hablamos tanto de la memoria, es porque se trata de la función cerebral de la cual las personas se quejan más, la más accesible al profano. En otras palabras, no nos inquieta nunca el «razonar mal», pero sí el «recordar mal». Es como si la memoria representase la parte emergente, visible, de una especie de iceberg que constituiría el conjunto de las facultades mentales. De aquí se desprende que, para estudiar estos problemas, lógicamente haya que sumergirse, interesarse por la parte oculta del iceberg...

Como buena neófita, me dirigí a los especialistas en el tema, que, en los años setenta, no eran tan numerosos como en la actualidad. Con la ayuda de los que se revelaron como mis «maestros», fui orientada a la elaboración y posterior experimentación de una batería de tests destinados a determinar las capacidades de memorización. Minuciosos y completos, estos «chequeos mnésicos» fueron muy valorados por mis colegas.

Pero elaborar una metodología de examen de la memoria no fue suficiente. Porque, a pesar de que logré confeccionar un chequeo de memoria para mis pacientes, seguía siendo incapaz de responder a la pregunta que, invariablemente, se me hacía a continuación: «Usted me dice que tengo tal o cual problema, pero ¿qué va a hacer ahora para curarme?»

Poca cosa, desgraciadamente. En ocasiones, cuando el examen había revelado un factor depresivo generador de los problemas de memoria, se podía discutir el caso con el psiquiatra del hospital. Pero esto no era lo habitual. ¿Qué se podía hacer entonces? No existía –y no existe aún– ningún medicamento específico para los problemas de memoria (aunque las investigaciones actuales en farmacología son bastante alentadoras). Así pues, ¿había que hacer oídos sordos, remitir a los pacientes a su propio problema respondiéndoles con el mayor tacto posible... que no podíamos hacer nada por ellos?

Esta preocupación seguía acuciándome hasta que comencé a trabajar en un centro de reeducación funcional para estudiantes, en Saint-Hilaire-du-Touvet. En este centro se trataban y reeducaban jóvenes con incapacidad motriz, algunos de los cuales, víctimas de una accidente de tráfico o de un traumatismo craneal, eran parapléjicos o tetrapléjicos. Las sesiones de reeducación a que eran sometidos perseguían sobre todo hacer trabajar sus cuerpos tullidos, pero no se preocupaban de su reinserción socioprofesional una vez recuperadas sus funciones corporales. De este modo podían pasar varios meses o años durante los cuales sus cerebros no se beneficiaban de ninguna estrategia intelectual reeducativa específica, a excepción de las clases normales, cuando esto era posible.

Llamé la atención de los médicos y educadores sobre la necesidad de asociar una reeducación intelectual a la meramente motriz. Estuvieron de acuerdo, pero ¿cómo ocuparse de la mente..., ya que no existía ningún medicamento para ella? Entonces decidí elaborar un programa de reeducación de la memoria, como se venía haciendo ya para el lenguaje. Mi objetivo era triple:

◆ Activar el cerebro manteniendo sus células en un estado de actividad óptima.
◆ Aplicar métodos y estrategias que podrían después ser utilizados en la vida cotidiana.
◆ Por último, devolver la motivación, el deseo de movilizar sus facultades intelectuales.

En esa misma época, L. Israël, una psicóloga de mi promoción que trabajaba en una unidad geriátrica, me hizo partícipe de sus preocupaciones: las personas mayores a su cuidado se quejaban también de problemas de memorización y, como yo, se sentía impotente ante sus solicitudes.

Entonces tuvimos la idea de adaptar a las personas mayores los métodos concebidos en un principio para los traumatismos craneales.

A finales de los años ochenta había elaborado ya varios programas de estimulación que puse a disposición de organismos de investigación científica o de entidades sociales, interesadas en prevenir las patologías cerebrales. Fue así como nació la colaboración con la Fundación Nacional de Gerontología (FNG) y posteriormente con la Mutualidad Social Agrícola (MSA). Esta relación se ha concretado actualmente, en ochenta y cinco departamentos franceses, en un programa de activación cerebral denominado «PAC-EURÊKA». La gran originalidad y éxito de este programa han provocado su inserción en un programa más vasto: el de la lucha contra la dependencia. Y, paulatinamente, y en respuesta a la creciente demanda, estos métodos se están desarrollando y adaptando a niños y adultos jóvenes y mayores, ya tengan el cerebro sano o dañado.

En la actualidad, ejerzo mi trabajo en el hospital Broca, en el servicio de gerontología clínica del doctor Françoise Forette, en colaboración con la unidad INSERM, integrada en un equipo multidisciplinar, competente y dinámico. Aquí hemos tenido la oportunidad de profundizar en nuestros conocimientos, de ajustar nuestra práctica a los descubrimientos científicos más recientes y de someter nuestras técnicas a una verificación estadística lo más rigurosa posible. Son estas confrontaciones multidisciplinares las que mejoran nuestra comprensión del funcionamiento cerebral y, por tanto, nos permiten adaptar mejor nuestros programas de estimulación.

Durante mucho tiempo, participantes en los «talleres de memoria», colegas, educadores, profesionales de la salud e incluso personas simplemente interesadas en su memoria me han comunicado su deseo de encontrar informaciones claras y fácilmente accesibles sobre este tema. Se trata de personas que buscan también elementos de reflexión sobre la memoria y estrategias que permitar ejercerla mejor y desarrollarla. Estas demandas son las que me impulsaron a acometer la redacción de este libro.

Éste se presenta en dos partes:

La primera, «El cerebro y la memoria», está dedicada a un enfoque teórico del funcionamiento cerebral. Me parece indispensable que estas informaciones, algunas de las cuales son, lo reconozco, demasiado exhaustivas, sean conocidas por el lector. Por ello le pido un pequeño esfuerzo de atención... ¡que podría constituir por sí mismo una especie de ejercicio! Naturalmente, puede saltarse algunos pasajes demasiado técnicos, aun cuando he procurado dar a conocer sólo los aspectos más esenciales de este universo tan complejo y fascinante que es nuestro sistema nervioso.

La segunda parte, mucho más importante, propone el programa de activación, compuesto de ejercicios con varios niveles de dificultad. Cada ejercicio está acompañado por un determinado número de principios pedagógicos y de aplicaciones a la vida cotidiana.

Finalmente, un pequeño glosario suministra la definición de los principales términos técnicos utilizados en este libro. Asimismo he adjuntado una breve lista de obras que podrán aportar a los que lo deseen útiles enseñanzas.

Todos estos contenidos se han estructurado para que se combinen los ejercicios y la reflexión sobre los mismos, el entrenamiento y un cierto trabajo de enriquecimiento, que podrán traducirse en los primeros pasos de una apasionante aventura interior: la del descubrimiento de sí mismo.

A todas las personas que me han alentado en este trabajo, al equipo del hospital Broca, de la FNG, de la Mutualidad Social Agrícola, así como al profesor F. Boller, que ha realizado una lectura minuciosa y crítica de la obra, debo expresar mi reconocimiento y mi amistad.

Primera parte

# EL CEREBRO Y LA MEMORIA

# 1. Historia de una exploración

El músico que sabe perfectamente cómo funciona su instrumento tiene mayores posibilidades de extraer los mejores sonidos y de expresar las emociones más profundas que el que se limita a tocar, sin buscar más allá. El primero podrá llegar a ser un virtuoso, mientras que el segundo seguirá siendo sin duda un simple instrumentista.

Algo parecido sucede con nuestro cerebro. Si queremos utilizarlo al máximo de sus posibilidades, debemos conocerlo muy bien. Se actúa mejor sobre uno mismo cuando se tiene el privilegio de comprender todos los pormenores de estos complejos procesos que son nuestros comportamientos sensoriales, motores, intelectuales, psicoafectivos, sociorrelacionales..., en resumen, todo lo que compone nuestra vida cotidiana como seres humanos.

Por supuesto, resultaría ingenuo e ilusorio preten-
der conocerlo todo. Veremos hasta qué punto se está
lejos de percibir todos los secretos del cerebro, aunque su conocimiento avanza progresivamente. Pero
no preocuparse en saber «cómo está hecho» y «cómo
funciona» se traducirá inexorablemente en errores y
fracasos para el que quiera realmente mejorar su memoria.

Las disciplinas que intervienen en el estudio del
funcionamiento cerebral son muy numerosas –citemos
la neuroanatomía, la neurofisiología, la neurobiología, la neuropsicología, la bioenergética, la bioinformática, la biofísica... y muchas más–. Se las conoce con
el término general de *neurociencias*, es decir, ciencias
del sistema nervioso, el cual designa el conjunto formado por el cerebro, la médula espinal y los nervios.

Nada de lo relacionado con nuestro sistema nervioso –actos, pensamientos, sensaciones– puede reali-
zarse sin la intervención del cerebro. Por otra parte, es
su funcionamiento el que caracteriza la vida biológica,
hasta el punto de que actualmente la definición de la
muerte clínica no es la parada de los latidos cardiacos,
sino el electroencefalograma «plano», que significa la
ausencia total de reacción cerebral.

Gracias a los progresos alcanzados por las neurociencias, nos es posible penetrar en este fascinante
mundo que es el universo cerebral.

Contrariamente a lo que se podría imaginar, estas neurociencias son en su mayor parte bastante recientes. Durante mucho tiempo, el cerebro ha pertenecido a un mundo tenebroso, inaccesible e incluso tabú.

Es preciso saber que fue el corazón el que, primero, fue considerado por los hombres como la sede de las sensaciones, de las emociones y del pensamiento. Cierto es que los sabios y filósofos griegos Demócrito, Platón e Hipócrates otorgaron al cerebro su auténtico papel, pero bajo la influencia de Aristóteles, y durante varios siglos, las largas disquisiciones sobre el alma y sus representaciones desviaron a los hombres del conocimiento de las actividades mentales. Así, hasta el siglo XVII el corazón continuó siendo considerado como la sede de las virtudes. Todavía se observan indicios en el lenguaje: baste con recordar que el famoso verso de Corneille: «Rodrigue, ¿tienes corazón?» significa «¿Tienes valor, honor?».

No fue hasta que la Iglesia toleró la disección de cadáveres –y, en primer lugar, la de los enfermos mentales y criminales– cuando se pudieron realizar importantes descubrimientos. En lo relativo al cerebro, los métodos de conservación y fijación (especialmente la introducción del formol) permitieron estudiar las circunvoluciones, los ventrículos y las cavidades que, a su vez, fueron considerados como la sede de las funciones del alma. A pesar del poco cientifismo de estos enfoques, constituyen algunas de las primeras tentativas para localizar las funciones cerebrales. Pero la ciencia se ha enfrentado siempre a una fuerte resistencia por parte de las autoridades religiosas, ya que intentar conocer la naturaleza y funcionamiento de este órgano era, según ellas, violar el dominio de la inmaterialidad y la inmortalidad del alma.

Sin embargo, de forma paulatina, y sobre todo gracias a los trabajos de La Mettrie en el siglo XVIII, y después los de Cabanis a principios del XIX, el oscurantismo fue perdiendo terreno. El anatomista alemán Franz Josef Gall (1758-1828) dio un giro decisivo a la investigación al inventar la *frenología*. Esta teoría asignaba a determinadas partes del cerebro (más concretamente al córtex) actividades intelectuales e incluso morales específicas. Por ejemplo, tal zona era la sede del conocimiento de la música, tal otra era la de las matemáticas... La forma del cráneo y la palpación le permitieron establecer una relación entre ciertas prominencias y las facultades dominantes en un individuo. De la frenología de Gall procede la expresión «*avoir la bosse des maths*»...[1]

Evidentemente, esta nueva e interesantísima idea era, en cambio, muy discutible desde un punto de vista científico, sobre todo porque no podía verse respaldada por ninguna confirmación seria y rigurosa.

1. Expresión francesa que significa literalmente «tener la protuberancia de las matemáticas», estar predispuesto o tener aptitudes innatas para una determinada disciplina. *(N. del T.)*

Mucho tiempo después, la intervención de la neurocirugía permitió realizar grandes progresos en este terreno. Gracias a ella se han podido tomar muestras de partes o tejidos del cerebro para examinarlas, y otras han sido sometidas a estimulaciones por medio de descargas eléctricas. Así se ha logrado localizar y delimitar mejor las zonas de funcionamiento específico y comprender la forma en que actúan.

Ya en la segunda mitad del siglo XIX se pudo establecer realmente una correlación entre los problemas presentados por los pacientes y el estado de determinadas partes de su cerebro. Así, en 1861 Paul Broca, examinando *post mortem* el cerebro de un paciente afásico (es decir, que había perdido prácticamente el uso de la palabra), descubrió una lesión en la parte inferior de su lóbulo frontal izquierdo y estableció la correspondencia: si ese hombre no podía expresarse era porque tenía dañada esa zona cerebral. Un poco más tarde, en 1874, Karl Wernicke descubrió otra zona cerebral, implicada esta vez en la comprensión del lenguaje.

A principios de este siglo, estas correspondencias fueron precisándose y afinándose con la cartografía de Brodman, que asignó a cada zona cerebral una función específica. Esta cartografía se utiliza aún como referencia en el enfoque denominado «localizacionista» de las funciones cerebrales. Pero más adelante veremos los límites y riesgos de esta demasiado estricta división.

# 2. Viaje al interior de una cabeza

on el transcurso de los siglos, nuestro vocabulario se ha enriquecido con las más gráficas expresiones en torno a la representación de la cabeza como sede de la inteligencia. Muchas de estas expresiones se siguen utilizando, como «rondar una idea por la cabeza», «romperse la cabeza», «calcular de cabeza», «tener mala cabeza», «perder la cabeza», «traer de cabeza», «ir a la cabeza de»..., por citar sólo algunas.

Estas múltiples expresiones nos enseñan mucho sobre nuestro patrimonio cultural, ya que cada una de ellas ha sido generada en un contexto histórico preciso y refleja un determinado estado de conocimientos. Se constata también que la cabeza representa tanto el espíritu, la razón, el carácter o la lucidez, como la cima de la jerarquía, la dirección. A partir de sus múltiples acepciones, el término remite a la complejidad de lo que quiere significar, pero también revela nuestras incertidumbres, nuestra ignorancia de su contenido.

Estas expresiones extraídas de la sabiduría popular nos demuestran, a su manera, que la cabeza de un hombre no se limita a esa masa nerviosa alojada en la bóveda craneana y que se conoce como cerebro. En realidad, la palabra «cabeza» designa al mismo tiempo lo que la forma y lo que emana de ella, algo que se puede denominar tanto pensamiento, inteligencia o personalidad.

La cabeza es todo eso. Un mundo fabuloso del que cabe preguntarse si su exploración llegará alguna vez a su término.

## El cerebro como órgano

Han sido necesarios varios cientos de millones de años de evolución de la especie humana para que el cerebro que poseemos llegara a su estado actual. Los diferentes estadios de esta evolución vieron constituirse primitivamente la parte central, después el sistema límbico y por último los hemisferios cerebrales (*cf.* figura 1, pág. 31).

El cerebro humano se asemeja –esquemáticamente– a una nuez. Sus dos hemisferios, derecho e izquierdo, están relacionados mediante haces de fibras nerviosas entrecruzadas que forman el *cuerpo calloso* (*cf.* figura 2, pág. 33). Debido a que las principales fibras nerviosas se cruzan en este nivel, el lado derecho de nuestro cuerpo es controlado por el hemisferio izquierdo, y a la inversa. Esto se verifica cuando, por ejemplo, la parte derecha del cerebro ha sido dañada por un accidente: surgen problemas en la parte izquierda del cuerpo como parálisis parcial, hemiplejia, etc.

Gracias al cuerpo calloso, las informaciones que llegan a uno de los hemisferios son transmitidas al otro. Al estar igualmente relacionadas entre sí las diferentes zonas de ambos hemisferios, podemos considerar el cerebro como un sistema integrado, que opera como una unidad conjunta.

Sin embargo, los dos hemisferios cerebrales no desempeñan rigurosamente el mismo papel. Se considera que el izquierdo está más implicado en las actividades verbales y gestuales y en el razonamiento lógico, mientras que el derecho está más especializado en la gestión del espacio, la creatividad, las actividades artísticas, la afectividad... Pero no extraigamos de ello conclusiones precipitadas: se trata tan sólo de grados en dichas especializaciones. Es evidente que, como ya hemos dicho, los dos hemisferios están en contacto y, por tanto, en constante intercambio. Librémonos pues de esos excesos que han conducido a algunos investi-

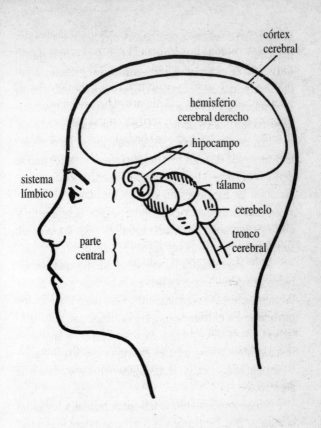

FIGURA 1

Hemisferio cerebral derecho, sistema límbico
y parte central

31

gadores americanos a preconizar ejercicios especiales haciendo «trabajar» uno de los hemisferios más que el otro, a fin de obtener mejores resultados en determinadas disciplinas intelectuales o deportivas. Hasta que no se demuestre lo contrario, estas tentativas no han conseguido resultados demasiado convincentes...

Los dos hemisferios están recubiertos de una corteza arrugada de unos tres milímetros de espesor que se denomina *córtex*. Es la parte del cerebro donde se encuentran las funciones más evolucionadas.

Cada hemisferio está dividido por hendiduras y circunvoluciones en cuatro lóbulos, responsables de funciones específicas (*cf.* figura 3, pág. 33).

Muy esquemáticamente, se considera que los lóbulos *occipitales* intervienen en la percepción y el tratamiento de las informaciones visuales, los lóbulos *parietales* en el tratamiento de las informaciones sensitivas, los lóbulos *temporales* conciernen a las informaciones auditivo-verbales mientras que los *frontales* controlan la acción, las decisiones y las capacidades de abstracción.

Cada lóbulo comporta una zona primaria sensorial o motriz, que está rodeada por otras pequeñas zonas denominadas «asociativas». Éstas desempeñan un papel preponderante en las funciones superiores.

En esta breve descripción se observa que cada uno de nuestros comportamientos presenta corresponden-

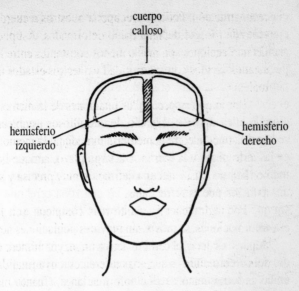

cuerpo
calloso

hemisferio
izquierdo

hemisferio
derecho

FIGURA 2

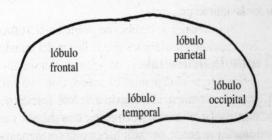

lóbulo
frontal

lóbulo
parietal

lóbulo
temporal

lóbulo
occipital

FIGURA 3

cias topográficas precisas en el cerebro. Se sabe por ejemplo que, si una persona diestra es víctima de un accidente vascular en el lóbulo frontal izquierdo, esto puede traducirse en una afasia. Pero los problemas también pueden aparecer sin necesidad de que se dañe el centro nervioso responsable de una determinada función. Pueden deberse al hecho de que dos territorios se han desconectado, desconexión que puede producirse en las redes nerviosas que los vinculan, pero probablemente también en las áreas asociativas. A la inversa, una persona puede sufrir daños en una zona cerebral sin que ello se traduzca en problemas: basta con que esa área, por su localización, no sea «estratégica».

A partir de todo esto se comprende que, en el estudio del cerebro, todo lo que se presenta como simple y único es forzosamente reductor y, a la larga, erróneo. Y la idea de que el ser humano pueda algún día construir un ordenador que pueda «pensar» es, por fortuna, un sueño quimérico...

## El mundo neuronal

El conjunto de nuestros comportamientos (observar, caminar, hablar, alimentarse, conducir un vehículo, reflexionar...) depende de múltiples procesos de integración realizados por el sistema nervioso, constituido

34

como hemos dicho por el cerebro, la médula espinal y los nervios.

El cerebro, como todos los organismos vivos, está compuesto por células o conjuntos de moléculas, que son a su vez conjuntos de átomos. Estas células nerviosas, cuyo número varía entre diez y cien mil millones según los métodos de recuento utilizados por distintos autores, reciben el nombre de *neuronas*.

Aunque diferentes por su forma y dimensión, estas neuronas presentan características comunes. Cada una de ellas está constituida por un cuerpo celular delimitado por un membrana, y presenta un *núcleo* y un *citoplasma* (*cf.* figura 4, pág. 39). En el núcleo se encuentra el ADN (ácido desoxirribonucleico), que contiene la información necesaria para la fabricación de la neurona.

De este cuerpo celular parten dos especies de prolongaciones: unas cortas, múltiples y ramificadas llamadas *dendritas*, y una prolongación única, de longitud variable (desde algunas decenas de micrones hasta más de un metro), denominada *axón*, que termina también en ramificaciones. Las dendritas y los cuerpos celulares reciben los estímulos, que después son transmitidos a lo largo de los axones.

Existen dos tipos de neuronas:

♦ Las neuronas *sensoriales* (o aferentes), que transmiten las informaciones captadas por los receptores sensoriales (piel, ojo, etc., pero también los tejidos internos del cuerpo) hacia la médula espinal y el cerebro.

♦ Las neuronas *motrices* (o eferentes), que aseguran el trayecto en el sentido contrario (transmisiones desde el cerebro y la médula espinal hacia los músculos, los tejidos y las glándulas).

Tomemos un ejemplo, lógicamente muy esquematizado: se pincha el dedo con un alfiler. Un receptor sensorial de su piel capta esa información, que es «expedida» (más adelante veremos cómo) por las neuronas sensoriales en dirección a la médula espinal y el cerebro. En una segunda fase, esta vez por medio de las neuronas motrices, el cerebro y después la médula espinal envían una información –por ejemplo, hacia sus músculos–, y su dedo se contrae. Imaginemos que, por alguna razón (una herida en un accidente), un gran número de neuronas de ese trayecto han resultado dañadas: por mucho que se pinche con ese alfiler, su dedo no se contraerá.

Los axones procedentes de cientos o millares de neuronas se agrupan en haces para constituir los *nervios*. Un mismo nervio puede comprender al mismo tiempo axones de neuronas sensoriales y motrices. Las neuronas están contenidas en una especie de tejido denso, «la cola» o neuroglia, compuesta de células (gliales) que le aportan los elementos nutritivos necesarios para su actividad y supervivencia.

Los miles de millones de neuronas que poseemos se encuentran enmarañadas, interconectadas. Cada una de ellas puede estar conectada a otras miles. Por ello pueden producirse miles de millones de interacciones, con lo que las nociones de redes de neuronas y «redes de redes de neuronas» (Godaux) garantizan las conexiones entre las diferentes zonas cerebrales.

La zona de contacto y transmisión entre una neurona y otra se denomina *sinapsis* (*cf.* figura 4, pág. 39). En esta zona se opera la transmisión del influjo nervioso –es decir, de la información– entre neuronas, por un fenómeno en el que se conjugan a la vez la física y la química. Cada neurona está recubierta por una membrana que, cuando se ve sometida al impulso eléctrico del influjo nervioso, modifica su tensión –se dice que se «polariza»– y transmite este influjo. Cuando éste llega a las ramificaciones del axón, provoca la liberación, a través de las *vesículas presinápticas*, de una sustancia química que le ayudará a pasar hacia la siguiente neurona, y así seguidamente. Esta sustancia química que desempeña la función de mensajero se denomina un *neurotransmisor*.

Algunos neurotransmisores ejercen una acción excitante, otros inhibidora. Hasta la fecha, los investigadores han identificado una cuarentena de neurotransmisores, pero aún quedan muchos por descubrir. Uno de los más conocidos es la *acetilcolina*. Está implicada en los procesos de memorización (aunque no es el único) y está muy extendida en una estructura subcortical, el *hipocampo* (*cf.* figura 1, pág. 31), del que se sabe su importancia en la adquisición de nuevas informaciones. El hipocampo es especialmente vulnerable a ciertas afecciones cerebrales, como el mal de Alzheimer. Algunos trabajos han demostrado que cuanto mayor es la degeneración de las neuronas que producen la acetilcolina en esta región, más graves son los problemas de los pacientes.

La circulación de los neurotransmisores es organizada y controlada por el cerebro, que es el gran regulador: hace intervenir los enzimas que transforman la composición del neurotransmisor y, además, programa la captación y almacenaje de estos neurotransmisores en las vesículas presinápticas que, como hemos visto, son los depósitos de los neurotransmisores.

Pero puede suceder que el cerebro, tras sufrir diversos daños, no pueda desempeñar adecuadamente su función reguladora, lo que puede comportar una serie de problemas. Tomemos el caso de la *dopamina*, un neurotransmisor muy conocido, que puede a la vez facilitar los movimientos voluntarios y controlar ciertas actividades intelectuales y emocionales. La insuficiencia de este neurotransmisor está relacionada con la des-

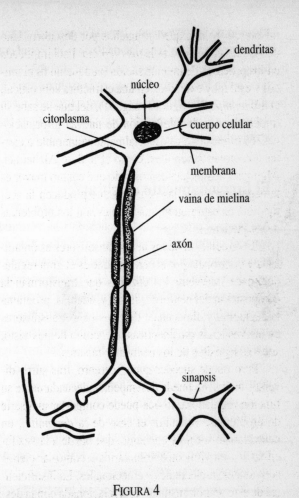

dendritas

núcleo

citoplasma

cuerpo celular

membrana

vaina de mielina

axón

sinapsis

FIGURA 4

trucción de una estructura llamada «sustancia negra», lo que origina la enfermedad de Parkinson. Por el contrario, su hipersecreción se traduce en síntomas psicóticos como los que se observan en la esquizofrenia. En el mal de Alzheimer son varios los neurotransmisores deteriorados, aunque el más acentuado y constante es la acetilcolina.

## El funcionamiento cerebral

Así pues, el progreso de la ciencia nos ha permitido conocer cómo está estructurado un cerebro y de qué se compone. Fisiólogos y biólogos han descubierto la gran diversidad de las neuronas (diversidad inherente a sus funciones), han definido también el mecanismo electroquímico del influjo nervioso y de su transmisión sináptica, y han estudiado algunos neurotransmisores que intervienen en la actividad nerviosa. Sus investigaciones siguen en curso y, con el paso del tiempo, nos aportarán nuevas y valiosas indicaciones.

Porque todavía se desconocen muchos datos. Los estudiosos se siguen preguntando por la sutilidad de los procesos que presiden algunas aptitudes complejas específicamente humanas. ¿Cómo realiza el cerebro las distintas operaciones mentales que están en el origen de la percepción, del lenguaje, de la memoria o de la inteligencia? Todavía no hay respuestas claras a estas cuestiones tan fundamentales.

Las recientes técnicas de exploración cerebral, que datan de la segunda mitad de siglo, arrojan progresivamente nueva luz tanto sobre el funcionamiento cerebral normal como sobre su patología. Diversos procedimientos permiten visualizar, *in vivo*, la actividad nerviosa, así como seguir en directo las diferentes etapas del itinerario y tratamiento de las informaciones.

Estas técnicas se han visto beneficiadas por el avance de las investigaciones en campos como las matemáticas y la informática, especialmente en el terreno de la inteligencia artificial. Pero, contrariamente a lo que piensan algunos, nuestro funcionamiento cerebral no es idéntico al de un ordenador. Mientras que esta máquina puede efectuar un gran número de operaciones en un tiempo mínimo, el cerebro, aunque extremadamente rápido, funciona siempre más despacio. Como hemos visto, la comunicación interneuronal se propaga gracias a impulsos eléctricos o *potenciales de acción*. Pero estos impulsos se producen según una frecuencia que rara vez sobrepasa la centena de potenciales de acción por segundo, mientras que la maquinaria electrónica de un ordenador puede producir cambios de estado a un ritmo de varios millares por segundo.

Por el contrario, en el cerebro humano la combinación de operaciones que se producen simultáneamente es prodigiosa. El número de operaciones correspondientes al tratamiento simultáneo de las informaciones que intervienen en nuestro comportamiento es incalculable. Los más sofisticados ordenadores no poseen esta capacidad de tratamiento. Especialmente por esta razón, desde el principio de los años ochenta la investigación en informática tiene como objetivo concebir ordenadores a partir de lo que se conoce sobre el funcionamiento neuronal en redes. En la actualidad, neurofisiología, informática y matemáticas son disciplinas que colaboran y se interrelacionan.

Cuando percibimos informaciones visuales, auditivas o de cualquier otro tipo, activamos la asociación de un gran número de datos previamente memorizados. Es la asunción de todas esas asociaciones la que da un sentido al objeto que percibimos: sólo podemos identificar lo que conocemos previamente.

Pongamos un ejemplo: cuando miramos una flor en un jardín público, movilizamos simultáneamente un conjunto de poblaciones neuronales en las áreas cerebrales visuales de los lóbulos occipitales, responsables cada una del tratamiento de unas determinadas características, como el color de la flor, su forma, su orientación en el espacio, su relieve, su lugar en el parterre, su distancia respecto a nosotros, etc. La integración de todas esas informaciones relativas a las características físicas de la flor en cuestión y la activación de la zona

cerebral responsable del tratamien...
lóbulo frontal izquierdo) son las que n...
gen compuesta a la que damos un nombre, ...
«rosa», y un significado: esto es una flor.

El ejemplo de la flor describe un conjunto de
raciones mentales activadas a partir de informacion...
externas. Un proceso similar se produce cuando el cerebro efectúa operaciones a partir de informaciones in-
ternas. En el primer caso se trata de percepción, en el
segundo, de pensamiento.

Los recuerdos y representaciones mentales que
constituyen este pensamiento son almacenados como
una forma química en las diferentes zonas-memoria
del cerebro. Existen sólo en estado virtual. Cuando pensamos, activamos determinadas zonas-memoria correspondientes a unos determinados tipos de pensamiento
(tendremos la ocasión de volver a este punto en el capítulo dedicado a la memoria). Así, cuantas más informaciones o representaciones mentales complejas sus-
cite esa flor, más numerosas serán las áreas implicadas
y más importante será la activación cerebral.

El cerebro se presenta pues como un conjunto de módulos que funcionan en paralelo, cada uno con una función especializada en el tratamiento de las informaciones.
Pero este paralelismo no es estricto, ya que comporta
igualmente fases de conexión. El córtex frontal es el responsable de la organización de todas esas asociaciones.

43

La percepción de un objeto implica previamente la construcción de una imagen tridimensional (longitud, amplitud y profundidad). El objeto es reconocido en las zonas-memoria, que lo transferirán a los lóbulos frontales, los cuales le darán un significado. Memoria y semántica están indisociablemente ligadas: al mismo tiempo que nuestro cerebro reconoce una *cosa* y la almacena en un depósito, la califica mediante palabras como «flor» y «rosa», por ejemplo. Nombra lo que reconoce.

Gracias a las técnicas modernas de exploración cerebral, se sabe ahora que los lóbulos frontales desempeñan un papel importante en todas las operaciones mentales de alto nivel. El tamaño de los lóbulos frontales aumenta con la evolución de las especies animales. El ser humano es el que presenta un mayor desarrollo de estos lóbulos, lo que explica su capacidad para producir las actividades intelectuales más complejas y que le son específicas (lenguaje, inteligencia, reflexión...).

## Dibújame un pensamiento...

¿Puede visualizarse la actividad de nuestro cerebro y, por tanto, en cierto modo, «vernos pensar» (si no cualitativamente, al menos cuantitativamente)?

Algunas técnicas de exploración que utilizan los campos magnéticos del cerebro nos inclinarían a responder afirmativamente. Así, la exploración por resonancia magnética nuclear (RMN) o la tomografía por emisión de positrones permiten visualizar respectivamente las estructuras y los diferentes niveles de actividad neuronal. De este modo se ha podido descubrir, por ejemplo, que los lóbulos frontales están implicados en las operaciones mentales de alto nivel.

Estas diferentes técnicas de visionado, de aplicación relativamente reciente, presentan también la ventaja de aportarnos elementos de información especialmente instructivos en el diagnóstico de ciertas patologías cerebrales, por comparación con el funcionamiento de un cerebro sano.

No obstante, la imagen no lo revela todo. Puede ayudarnos en nuestro intento de comprender el funcionamiento cerebral, pero es la psicología la que toma el relevo a la hora de explicar otros aspectos igualmente instructivos de nuestros comportamientos, especialmente la influencia de los factores psicosocioafectivos.

# 3. Actividad neuronal y medio

Visto desde el exterior, nada se parece tanto a un cerebro humano como otro cerebro humano.

Una observación más minuciosa demuestra que las actividades del poseedor de ese órgano intervienen en su desarrollo. Así, para retomar el ejemplo de nuestro músico, los investigadores han observado que las áreas cerebrales que intervienen en la práctica del arte musical están más desarrolladas que en aquellos que no lo ejercen.

Pero, al mismo tiempo, se plantea la cuestión: ¿Este hombre nació así (lo que formaría parte de lo denominado como *innato*) o se trata de una modificación generada a partir de la práctica musical, lo que formaría parte de lo *adquirido*? Es éste un antiguo debate...

En el siglo XVIII un filósofo inglés, John Locke, afirmó que el medio y la cultura desempeñan un papel fundamental en el desarrollo y la adquisición de todos nuestros conocimientos. Comparó el cerebro con una *tabula rasa* (mesa vacía), sobre la que se inscriben todas las experiencias del niño, rechazando así cualquier noción de conocimiento innato. En 1859 Charles Darwin expuso la teoría de la evolución que, contrariamente a la de Locke, privilegiaba lo hereditario como base biológica de nuestros comportamientos. Se puede decir que, a partir de Darwin, la mesa ya no está vacía sino que, desde el nacimiento, ya está puesta...

En el siglo XIX surgió el *behaviorismo* o conductismo, que de nuevo privilegiaba el medio, es decir, el entorno sociocultural, familiar y educativo, la alimentación pre y posnatal, el equilibrio afectivo de los padres, la calidad de sus relaciones, etc. Esta teoría implica la maleabilidad del ser humano, su capacidad para dejarse moldear por el medio.

La psicología contemporánea ha superado este conflicto secular admitiendo que tanto naturaleza como cultura desempeñan un papel fundamental en el desarrollo de la inteligencia y la personalidad. Por tanto, lo innato y lo adquirido intervienen –e interfieren– simultáneamente. El problema es atribuir su papel a cada uno.

Por ejemplo, sigue desconociéndose la forma en que la herencia, contenida en los genes, determina el potencial de un individuo y el impacto del entorno en dicho potencial. Nuestro patrimonio genético define los límites de nuestro potencial cerebral, pero parece razonable considerar que el medio interviene en el devenir de ese potencial. Por ejemplo, ningún niño aprende a leer o escribir solo, aunque su cerebro disponga de todo el equipamiento neuronal necesario para ello. Y además, el niño nipón aprenderá el japonés, el niño malgache aprenderá malgache, y ninguno de los dos será comprendido por el niño francés.

Asimismo, los señores Dupont y Durand comparten numerosos puntos comunes, y perciben globalmente del mismo modo un macizo de flores en un jardín público, pero su historia personal y sus experiencias pueden explicar que la visión de una misma rosa en ese jardín pueda desencadenar en cada uno de ellos sentimientos y recuerdos muy diferentes. Múltiples son los ejemplos que demuestran que la misma situación vivida por diversos individuos no da origen a una misma historia. Así pues, los factores personales, el medio social y la educación de cada persona interfieren en el patrimonio genético. Estas interacciones intervendrán tanto para facilitar como para frenar la adquisición y el desarrollo de una determinada función cerebral, aptitud artística o capacidad profesional. Por tanto, estas interacciones determinarán nuestro tipo de inteligencia y modelarán nuestro carácter y personalidad.

# Nuestro lenguaje

Pongamos el ejemplo de la expresión hablada. El niño, sea cual sea su lengua, aprende de la misma manera: primero emite sonidos (el balbuceo), después algunas palabras, y más tarde pequeñas frases simples, que van haciéndose cada vez más elaboradas. Se produce una maduración progresiva de los centros nerviosos que organizan este aprendizaje, relacionado con una especie de encadenamiento innato, programado.

Encontramos la misma maduración neurofisiológica y el mismo programa de adquisiciones en la percepción y organización de los objetos en el espacio, lo cual explica que todos los niños comiencen dibujando redondeles, después cuadrados, más tarde rombos y, sólo entre ocho y doce años, cubos.

Pero, por otra parte, el ejemplo de los niños salvajes o criados en condiciones infrahumanas (encerrados en espacios lúgubres y reducidos, privados hasta la adolescencia de cualquier estimulación visual, sonora, etc.) demuestra que, superada una cierta edad (doce, trece años), la adquisición del lenguaje, en especial el dominio de la sintaxis, resulta imposible o al menos muy limitado. Aun así, al salir de su encierro el niño podrá emitir algunas palabras. Este ejemplo ilustra la noción de *período crítico*, más allá del cual la expresión de la función está comprometida e, inversamente, la noción de *período óptimo de adquisición*. Ejemplo de este período óptimo: es sabido que los niños aprenden rápidamente una lengua extranjera y, sobre todo, pueden hablarla sin acento, con mucha mayor facilidad que los adultos.

La noción de período crítico sólo es válida para ciertos tipos de aprendizaje, como el del caminar (si se atan los pies de un niño hasta la edad de diez años, no sabrá caminar enseguida) u otros comportamientos que necesitan de estimulaciones del entorno. Por el contrario, otros aprendizajes pueden adquirirse independientemente del período crítico: para manejar un ordenador no importa haberlo aprendido durante la infancia o la adolescencia, cualquier edad es buena.

Todo ello conduce a subrayar la importancia de la estimulación en los períodos propicios de desarrollo, pero también la importancia de lo innato. Todos los niños criados normalmente aprenden a hablar en los cinco primeros años de su desarrollo, mientras que los gatos y los perros con los que se crían no adquirirán nunca el don de la palabra. Naturalmente, los animales pueden comunicar, comprender ciertas informaciones o hacerse comprender, utilizar incluso un vocabulario, pero su sistema de comunicación resulta muy rudimentario frente a la sofisticación del lenguaje humano, debido a las innumerables combinaciones de palabras. A partir de un reducido número de *fonemas* (elemento sonoro del lenguaje articulado), el ser humano puede formar miles de palabras y combinarlas después para construir un número incalculable de frases. Es cierto que muchos investigadores han podido enseñar algunas palabras a chimpancés, pero se han dado cuenta de que sus alumnos no podían acceder a la comprensión simbólica de esas palabras y que las utilizaban más bien como simples instrumentos (como un «Ábrete Sésamo») que les permitían satisfacer algunos simples deseos, al igual que utilizan objetos o gestos con los mismos fines. No obstante, trabajos más recientes han demostrado la existencia de capacidades en el chimpancé para inventar una «protogramática» o gramática rudimentaria a partir de doscientos símbolos geométricos. El informe de un estudio similar relata la adquisición por parte de un gorila llamado *Koko* de un vocabulario de unos seiscientos signos.

A la vista de estos resultados se plantean algunas cuestiones: ¿Es realmente el lenguaje patrimonio del ser humano, o los simios poseen las bases nerviosas necesarias para su aprendizaje? Y en este último caso, ¿por qué la función del lenguaje no se expresa naturalmente en ellos, en comunicación con el mundo exterior? Hasta hoy, los estudiosos no han podido ofrecer una respuesta definitiva.

Por lo que respecta al hombre, a través de su lenguaje se constata a la perfección la manifestación de interacciones entre el patrimonio genético y las estimulaciones del entorno: este lenguaje es a la vez ilimitado por sus potencialidades e inexorablemente limitado por un programa genético.

Actualmente existe unanimidad entre los investigadores en considerar que, de todas las funciones cerebrales, el lenguaje es una de las más enigmáticas desde el punto de vista de su soporte neural.

Se puede afirmar que la privación de experiencias en los períodos de la infancia y la preadolescencia –propicios para el aprendizaje– puede tener consecuencias nefastas no sólo desde la óptica del lenguaje, sino también del desarrollo de la inteligencia.

## Nuestras capacidades intelectuales

Al igual que para el lenguaje, éstas están contenidas en una parte de nuestros genes. Numerosos estudios han intentado determinar las partes correspondientes al medio y los factores hereditarios con respecto a la inteligencia. Algunos de estos trabajos han consistido en establecer correlaciones entre las capacidades intelectuales de individuos con los mismos lazos de parentesco. Así se ha demostrado que cuanto mayor es el parentesco genético entre dos individuos, más próximas son sus capacidades intelectuales, siendo en este aspecto líderes indiscutibles los gemelos (procedentes del mismo óvulo y por tanto con la misma herencia). Las correlaciones son menos evidentes en los mellizos, y aún menores entre padres e hijos naturales.

Sin embargo, un gran número de científicos se inclinan por relativizar las conclusiones de estos estudios. Insisten en la importancia de las variaciones de apreciación con respecto a la estimación del factor hereditario entre un estudio y otro, lo cual introduce parámetros incontrolables o difícilmente mensurables que falsean las conclusiones. Por otra parte, ¿cómo afirmar que el medio en el que crecen juntos dos gemelos o mellizos es rigurosamente el mismo? También es posible que los padres y el entorno en general adopten más fácilmente el mismo comoportamiento con respecto a los gemelos que con respecto a los mellizos o hermanos y hermanas. Se puede decir por tanto que, aunque la inteligencia comporta factores hereditarios, la influencia de éstos en relación a los factores del medio resulta difícil de apreciar.

Otros estudios, esencialmente americanos, han comparado poblaciones blancas y negras. Al igual que en los casos anteriores, se ponen de manifiesto algunas diferencias, pero la controversia persiste en la interpretación de dichas diferencias. La dificultad estriba en la incapacidad actual de controlar y evaluar de forma rigurosa y fiable las consecuencias de las diferencias de cultura, educación y entorno entre esas poblaciones.

Por supuesto, también se han intentado realizar algunos experimentos para demostrar que las facultades intelectuales no deben nada, o casi nada, al medio, sino que éstas son innatas y están definitivamente inscritas en nuestros genes. Pero ninguno de ellos ha resultado concluyente por la simple razón de que han sido realizados sin ningún rigor científico. Pongamos el caso del experimento consistente en fecundar a algunas mujeres con el esperma congelado de hombres considerados «superiores» (por ejemplo, de premios Nobel). Los niños nacidos de esa fecundación, en lugar de ser repartidos entre los medios más diversos, incluidos los más socialmente desfavorecidos, se han visto en cambio beneficiados, gracias a sus padres legales, con formaciones intelectuales muy sólidas; por tanto, el entorno social ha desempeñado forzosamente un papel determinante: en otras palabras, el experimento ha sido falseado desde el principio. Otra razón de la no fiabilidad de esta investigación: habría sido indispensable estudiar al mismo tiempo a un grupo de niños no especialmente fecundados y crecidos en un medio similar, mejor aún, que el de los niños fecundados, para después comparar los resultados de los dos grupos. La falta de esta referencia hace que el experimento esté aún más falseado.

En cualquier caso, estas manipulaciones de niños, realizadas con el objetivo confeso o no de crear una «especie humana superior», son moralmente inaceptables y justamente prohibidas en Francia por el comité de ética.

Actualmente, parece razonable considerar que los niños «normales», de cualquier etnia o país, llegan al mundo con un patrimonio genético prácticamente equivalente, que determina los límites superiores e inferiores de sus facultades intelectuales. Estos niños crecerán después en un entorno normal, pobre o rico, que desempeñará un papel determinante en sus diferencias.

Algunos estudiosos consideran que, al igual que el lenguaje y la inteligencia, nuestro temperamento está inscrito también en nuestros genes. Pero aquí, también, unas relaciones psicoafectivas satisfactorias del niño y el adolescente con su entorno son indispensables para la construcción de su identidad personal, y por tanto de su personalidad. Al adoptar, generalmente de forma inconsciente, los rasgos de carácter de otra persona se construye su personalidad y se forja su equilibrio afectivo necesario para una vida social bien adaptada y una vida sexual satisfactoria. No obstante, el desarrollo de la persona no se detiene con la madurez física: las interacciones entre lo innato y lo adquirido prosiguen a lo largo de toda su existencia, moldeando su inteligencia y su personalidad.

# 4. La memoria

La memoria está presente en todas las etapas de nuestra vida biológica y física: desde los actos motores –voluntarios o no– más elementales hasta las actividades intelectuales más sofisticadas. Todos nuestros comportamientos han sido objeto de un aprendizaje o han necesitado la persistencia de rasgos biológicos.

Los conceptos de conciencia, de integración del pasado al presente, del yo o de la identidad personal, al igual que nuestras capacidades de adaptación a las variaciones de nuestro entorno y de actuar sobre él, serían incomprensibles sin hacer referencia a la memoria. Quien pierde sus señas espaciotemporales pierde también su identidad.

Poseemos tres formas de memoria:

- *La memoria genética* o memoria de las informaciones contenidas en nuestros genes, recibidas antes del nacimiento: se trata de nuestro patrimonio hereditario.
- *La memoria cultural* que constituye nuestros hábitos y costumbres, lo que llamamos civilización. Corresponde al conjunto de conocimientos adquiridos por los hombres.
- *La memoria transaccional* o memoria de las informaciones adquiridas en el transcurso de nuestra existencia individual. Es a esta forma a la que nos referimos generalmente cuando se habla de memoria. Es esta memoria la que nos interesa en esta obra y sobre la que podemos actuar.

En el lenguaje corriente, la memoria designa la facultad de recordar. Se trata de una definición muy simple, simplista incluso, ya que la realidad es mucho más compleja. Utilizando una imagen, digamos que la memoria es un iceberg cuya parte visible corresponde al recuerdo, y la parte oculta, mucho más importante, a todas las operaciones conscientes e inconscientes necesarias para la elaboración de ese recuerdo (en cierto modo, su «maquinaria»).

El hecho de recordar implica no sólo un contenido, es decir, una información (uno se acuerda de algo o de alguien), sino también un conjunto de operaciones mentales: sólo se puede recordar lo que previamente se ha registrado y el cerebro ha consolidado para poder conservarlo y utilizarlo ulteriormente.

Para poner un ejemplo sencillo, diremos que tener memorizado un poema implica:

◆ Haber registrado ese poema, es decir, haberlo descubierto una primera vez leyéndolo o escuchándolo.
◆ Haberlo consolidado, esto es, haberlo comprendido y repetido varias veces (más adelante veremos que la repetición no es el único mecanismo de la consolidación).
◆ Recordar el poema, es decir, ser capaz de recitarlo, de reconocerlo si, por ejemplo, alguien lo cita, o, si se lee en un libro, de representárselo mentalmente (al igual que con el pensamiento se representa una flor en un jardín público).

Al descomponer lo que denominamos un recuerdo, diremos pues que la memoria designa la función que permite:

◆ Registrar informaciones (esta operación recibe también el nombre de *codificación* o *fase de adquisición*).
◆ Consolidarlas para poder conservarlas (lo que también se denomina *almacenaje*).
◆ Restituirlas (o *recuperación*).

58

Estas tres operaciones (registro, consolidación y restitución) constituyen esquemáticamente tres modos muy relacionados del tratamiento de la información. Desde este momento, al hablar de tratamiento de la información nos estaremos refiriendo a las distintas operaciones realizadas por el cerebro. Constatamos así que el tratamiento de la información no implica sólo la función memoria. Otras funciones se asocian a la memoria para tratar las informaciones. Estas funciones se denominan *cognitivas*. El término resulta fácil de retener si se piensa en la palabra «incógnito»: se utiliza para hablar de un famoso que viaja sin hacerse notar, que viaja de «incógnito», es decir, no conocido. «Cognitivo» significa lo contrario, esto es, lo que hace referencia a la cognición o facultad de adquirir conocimientos.

Son las funciones cognitivas las que, a partir de diferentes tipos de información, garantizan todos nuestros aprendizajes: el manejo de un electrodoméstico o de un ordenador, una lengua extranjera o la conducción de un vehículo... Las principales funciones cognitivas son:

◆ la atención-concentración
◆ la percepción
◆ el lenguaje
◆ la memoria
◆ la inteligencia

Todas las informaciones que intervienen en nuestra vida pueden ser objeto de un aprendizaje y, en consecuencia, de una memorización. Por tanto, tenemos tantas «memorias» como informaciones a memorizar. Por esta razón, en el lenguaje corriente se habla de memoria visual, memoria fotogénica, memoria para los números de teléfono, los nombres propios, los lugares, los hechos recientes o muy antiguos, etc.

Estas observaciones nos llevan a abordar las relaciones de la memoria con los órganos sensoriales y las restantes funciones cognitivas, pero también con el transcurrir del tiempo, las emociones, la edad, etc. Por tanto, resulta fácil comprender que la memoria no es una función ni unitaria ni aislada: los sistemas *mnésicos* (es decir, propios de la memoria y el recuerdo) interactúan permanentemente con los sistemas de atención y percepción, verbales, imaginativos, intelectuales y afectivos.

## Las diferentes memorias

La atención es la condición primera de la memorización. En el lenguaje común, «prestar atención» significa focalizar la energía cerebral disponible en un determinado tema. Prestar una firme y óptima atención resulta indispensable para la consolidación de un recuerdo. Atención y motivación van generalmente unidas: prestamos atención a lo que nos interesa. Existe una fuerte correlación entre el grado de motivación hacia una labor que atrae nuestra atención y la intensidad de la actividad cerebral. La motivación facilita el registro y fijación de las informaciones. Si lo que está leyendo en un momento dado le interesa, permanecerá concentrado, es decir, será capaz de abstraerse del ruido procedente de la habitación contigua, del zumbido de un electrodoméstico o, en sentido más general, de cualquier otra interferencia susceptible de perturbar su lectura.

Sin embargo, una atención no ya sostenida, sino «tensa», puede resultar negativa. Del mismo modo, una motivación excesiva provoca un efecto de excitación que el organismo no puede controlar y que se traduce en una desorganización de la actividad. Este tipo de fenómeno se produce en los estados emocionales intensos, de placer o disgusto, de pasión, violencia o shock afectivo. Al llegar a un punto extremo, la excitación puede conducir a un estado de inhibición, esto es, un bloqueo de la actividad psicológica. En determinados estados de estrés importante se llegan a tener «lagunas de memoria», que no son más que esos estados de inhibición...

Del mundo exterior recibimos un conjunto de informaciones captadas por los receptores de nuestros cinco órganos sensoriales. Así se puede hablar de memoria visual, auditiva, olfativa, gustativa y táctil.

En los capítulos anteriores hemos visto que las informaciones sensoriales son tratadas por las neuronas sensitivas (o aferentes), que parten de los receptores sensoriales en dirección a la médula espinal para llegar al cerebro que, a su vez, activa las neuronas motrices (o eferentes), que parten del cerebro hacia la médula y después hacia los músculos, glándulas u órganos efectores.

Las informaciones sensoriales (esto es, captadas por los órganos de los sentidos) raramente son «puras». Por ejemplo, las informaciones visuales son en muy contadas ocasiones exclusivamente visuales. No nos limitamos a ver: sentimos y oímos al mismo tiempo. Estas informaciones aparecen, por lo general, combinadas.

Anteriormente hemos visto también que memoria y semántica son indisociables: atribuimos un significado a lo que percibimos. La memoria *semántica* designa el recuerdo de los hechos culturales y los conceptos. La función lenguaje permite al pensamiento expresarse y comunicarse a través de la palabra, la escritura o, de forma más genérica, por cualquier sistema de signos o símbolos. Así pues, la memoria *verbal* designa las relaciones entre las funciones memoria y lenguaje.

También interviene la inteligencia. Se emplean los términos memoria *lógica* o *asociativa* para designar la aptitud para memorizar analogías, establecer relaciones y elaborar asociaciones. El papel de la inteligencia consiste en estructurar y organizar las informaciones.

Hablamos de memoria *espaciovisual* para referirnos a la vinculación de la memoria con otra capacidad de la inteligencia: la aptitud para organizar y representarse mentalmente el espacio. Mencionemos rápidamente otros tipos de memoria como la *episódica* o *declarativa*, explícita, que corresponde a la evocación de los hechos o sucesos vividos, la memoria *procedimental*, que corresponde a las habilidades, la memoria *prospectiva* o memoria de lo que se prevé hacer y la memoria *retrospectiva* o memoria de lo que se ha hecho.

En otro orden de ideas, se denomina memoria de los hechos recientes a la referida a los acontecimientos acaecidos en los segundos, minutos, horas, días, meses y años cercanos, mientras que la memoria de los hechos antiguos corresponde a los sucesos vividos en la infancia, la adolescencia y los primeros años de la edad adulta.

La memoria de los hechos recientes es la más frágil, la más vulnerable al envejecimiento natural y a las patologías. No existe una frontera rectilínea entre las memorias de los hechos recientes y antiguos. La memoria de las personas está inscrita en el tiempo de forma continua. Pero la memoria no es fija, consiste en un conjunto de sistemas dinámicos en perpetua construcción y reconstrucción. Podemos recuperar nuestros recuerdos tanto de forma fidedigna como deformados. Así pues, las interacciones son más o menos constantes entre los estados vividos con anterioridad y nuestros estados actuales.

Por lo que respecta a las relaciones de la memoria con el tiempo y el espacio, los estudiosos establecen una distinción entre la memoria inmediata, la memoria a corto plazo y la memoria a largo plazo, aunque hoy por hoy no existe aún una definición muy precisa y satisfactoria de esos tres tipos.

Por regla general, cuanto más complejas son las informaciones, se movilizan mayores poblaciones neuronales, es decir, el cerebro activa un mayor número de zonas, estructuras o sistemas diferentes, cuya finalidad es el tratamiento de esas informaciones. Cuanto más elaborados son nuestros comportamientos, mayor es el número de territorios cerebrales activados, más densa es la activación cerebral.

Sin embargo, el cerebro no puede tratar TODAS las informaciones sensoriales que le llegan del mundo exterior. Opera una especie de «filtrado sensorial» que define lo que se denomina el *palmo*. Con esta palabra se designa la capacidad máxima de información que se puede guardar simultáneamente en la cabeza y restituirse inmediatamente tras haber sido aprehendida: un adulto de treinta o cuarenta años que escuche una lista de quince cifras o quince palabras retendrá espontáneamente unas siete de media. Se trata de una constante fisiológica, una característica común a todo cerebro humano e inherente al funcionamiento cerebral. Pero el palmo se ve modificado por factores como la edad, que lo disminuye, y también por la influencia de otros factores como las estrategias cognitivas y las motivaciones, que, como veremos, pueden en cambio aumentarlo.

El término *codificación* engloba todas las actividades cerebrales destinadas a transformar las informaciones en representaciones mentales más o menos estables, temporales o definitivas. Para que una información codificada se convierta en un recuerdo duradero, es preciso que se consolide. En el ejemplo del poema hemos visto que la repetición constituye un sistema de consolidación de las informaciones. La inteligencia asegura otro sistema de consolidación: la integración de informaciones nuevas a otras antiguas, debido por ejemplo a su similitud o a una relación lógica o afectiva entre ellas, favorece su consolidación. Del mismo modo, una emoción importante aumenta la consolidación de una información: olvidamos con mayor facilidad los acontecimientos que nos dejan indiferentes que los que nos «llegan» afectivamente.

En consecuencia, aunque la integridad del órgano-cerebro, de nuestros receptores sensoriales, de nuestros sistemas de atención, percepción, verbales, intelectuales..., determina la codificación y consolidación de las informaciones, es la afectividad la que les da una connotación agradable o desagradable.

A nivel más general, es la afectividad la que hace selectiva la memoria al determinar la elección de lo que será codificado y consolidado de una forma temporal o duradera. La historia personal de cada uno es la que explica que los mismos sucesos no sean nunca memorizados del mismo modo por individuos diferentes. Seguramente ha vivido esta experiencia: se encuentra a un viejo amigo y éste le recuerda un suceso vivido en común. Este amigo le dice: «¿Te acuerdas? Aquello pasó en tal lugar», y usted responde que no recuerda nada de eso. Su amigo precisa: «Pues claro, nos pasó tal o cual cosa.» Y usted, siempre perplejo: «No sé de qué me estás hablando.» Su amigo insiste: «Acuérdate, estaban el señor X y la señora Y...» En ese momento, su rostro se ilumina y exclama: «¡Pues claro que sí! ¡Si me lo hubieses dicho desde el principio!»

Esta anécdota nos demuestra simplemente que algunas informaciones calan más que otras y que, al recibir informaciones aparentemente idénticas no atribuimos forzosamente los mismos valores a los distintos índices relativos a esas informaciones.

Abordaremos ahora el problema de la disponibilidad y la accesibilidad de los recuerdos. Una información que se creía «olvidada» puede estar disponible en la memoria, como un artículo está disponible en reserva, pero momentáneamente inaccesible. Un recuerdo puede permanecer inaccesible por varias causas: porque ha sido objeto de una codificación de mala calidad; porque ha sido parasitado por interferencias; o porque intentamos hacerlo resurgir mediante índices inadecuados. No todas las llaves abrirán todas las puertas. Las llaves de mi coche no abren el de mi vecino. Si busco una información con un índice no pertinente, nunca conseguiré traerlo de nuevo a la memoria.

Esta operación de reintegración voluntaria a la memoria se denomina *recuperación*. Si quiero acordarme del número de mi tarjeta bancaria, debo recordar la estrategia utilizada para aprenderlo.

Pero también lo recordaré con bastante facilidad si empleo con frecuencia esa tarjeta bancaria. Por esa razón, el número habrá sido muchas veces «repasado» y, por ello, habrá sido consolidado y se fijará en mi mente automáticamente. El repaso mental o *repetición* hace que los recuerdos se recuperen de una forma más automática.

Para representar el funcionamiento de la memoria, los estudiosos han construido diferentes modelos.

Algunos han recurrido a la informática. Establecen paralelismos entre los sistemas mnésicos humanos y las memorias artificiales de los ordenadores. Desarrollan el concepto de memoria no estrictamente localizada sino distribuida (tal como aparece en los modelos informáticos) y más compatible con la organización cerebral en «redes de redes» de neuronas.

Por su parte, los modelos no informáticos están elaborados a partir de la organización estructural y funcional del cerebro. Mencionemos también otros modelos llamados *holográficos*, que serían una combinación de los dos anteriores.

Sin embargo, ninguna de estas representaciones teóricas, aunque presentan la ventaja de dar un punto de vista nuevo y diferente, ha conseguido imponerse aún en la comunidad científica. De ahí que la mayoría de los grandes trabajos sobre el tema estén dedicados a ilustrar ampliamente este debate.

Lo que sí se puede afirmar es que este enfoque experimental de la psicología contemporánea, aunque no haya conseguido imponer un modelo realmente satisfactorio, está convulsionando los antiguos conceptos sobre la memoria. En cualquier caso, hay que admitir que la validez de todos esos modelos depende de nuestros conocimientos actuales en neurofisiología y neurobiología del cerebro. Ciertamente están progresando, pero todavía queda mucho camino por recorrer...

# 5. La activación cerebral

Al principio de esta obra mencioné el importante impacto sociomediático del «deporte cerebral». Se trata de un fenómeno que se ha propagado actualmente a escala internacional. En los países anglófonos se habla de *brain jogging*, *cerebral fitting*, etc. Los americanos tienen un eslogan revelador sobre el tema: «*Use it, or loose it*», lo que se podría traducir por: «Utilice sus capacidades cerebrales o piérdalas.»

También se sabe que este fenómeno no concierne exclusivamente a las personas mayores, como se podría creer *a priori*. Cualquiera que sea nuestra edad, nos vemos afectados de una manera u otra por la memoria y, de forma general, por las facultades intelectuales. Cualquiera que sea nuestra edad, nos preocupamos por desarrollar o mantener nuestro potencial cognitivo.

Asimismo he subrayado el hecho de que el «deporte cerebral» no puede corresponder a un simple modelo. Considero que las investigaciones realizadas durante los veinte últimos años en neurofisiología y neurobiología del cerebro han aportado grandes conocimientos que han propiciado la aparición, en los medios de comunicación, del «deporte cerebral» y, en los medios especializados, de los «talleres de memoria»; todo ello se denomina, de forma más general, la «estimulación cognitiva». Lo que resulta realmente nuevo e interesante no es el recurso a «trucos mnemotécnicos» –práctica que, como hemos visto, existe desde la Antigüedad–, sino los dos siguientes elementos:

♦ El descubrimiento, gracias a las técnicas de exploración cerebral, de los concomitantes neurobiológicos de la estimulación cognitiva, es decir, lo que sucede en el cerebro cuando es estimulado, especialmente durante el ejercicio mental.

♦ El beneficio que se extrae de todo ello, en términos de modificaciones cerebrales, estructurales y funcionales, y en términos de mejor adaptación a las situaciones cognitivas experimentadas en la vida cotidiana (de ahí el entusiasmo actual por el «deporte cerebral»).

Pero ¿cuáles son precisamente estos grandes conocimientos que han relanzado el interés por la activación cerebral?

Pueden agruparse bajo el concepto de «plasticidad cerebral». Este término designa la capacidad del cerebro para modificar favorablemente su estructura y su funcionamiento bajo el efecto de estimulaciones apropiadas y constantes. Después de mucho tiempo, la electrofisiología ha podido mostrar el aumento de la actividad eléctrica del cerebro cuando es estimulado. Un cerebro en estado de reposo, es decir, sometido simplemente a las variaciones del medio ambiente, presenta un «ruido de fondo» o estado básico de la actividad celular. Una estimulación (por ejemplo, la percepción de un despertador que suena o una reflexión) modifica ese «ruido de fondo». Cuanto más intensa o compleja es la estimulación, mayores serán las modificaciones. En el lenguaje corriente, se habla de activación cerebral para referirse a un aumento de la actividad del cerebro.

En términos más precisos, la activación cerebral consiste en la transición de un determinado nivel de actividad del sistema nervioso a un nivel superior. El concepto de activación contiene la idea de un incremento de la actividad. Un programa de activación cerebral (PAC) consiste en la utilización de un conjunto de estimulaciones que tienen por objeto incitar y «dinamizar» al cerebro para incrementar su actividad.

Como hemos visto anteriormente, desde los años setenta las técnicas de exploración cerebral han permitido objetivar y visualizar ese fenómeno de incremento bajo el efecto de estimulaciones de la actividad cerebral en términos de flujo sanguíneo y metabolismo. También hemos visto que las funciones neuronales consisten en recibir informaciones y tratarlas, es decir, transformarlas, y transmitirlas a otras neuronas. La realización de estas funciones implica una actividad metabólica extraordinaria: la neurona debe fabricar las enzimas, neurotransmisores y hormonas necesarias para esas múltiples funciones. La organización de este trabajo es gestionada por las moléculas de ADN incluidas en el núcleo del cuerpo celular. Éste suministra la energía necesaria para la actividad neuronal utilizando el oxígeno y la glucosa aportados por la circulación sanguínea y transformándolos en moléculas de adenosina trifosfato o ATP. El ATP es una molécula extremadamente rica en energía que los científicos consideran como el «carburante» de las neuronas. En consecuencia, cuantas más informaciones trata un cerebro, más importante es la activación. En otras palabras, cuanto más complejo es el ejercicio intelectual, cuantos más niveles de organización comporta, más numerosos son los territorios cerebrales activados y, en consecuencia, mayores son las conexiones sinápticas.

Actualmente se admite que a mayor activación de las células cerebrales en términos de intercambios psicoquímicos, menor es el riesgo de que las neuronas se vuelvan «perezosas», neuronas éstas más propicias a la deaferentación o desconexión y, por tanto, a la desaparición. En ningún caso significa esto que el ejercicio mental impida la muerte neuronal o que el ejercicio mental preserve de las patologías cerebrales. Imaginar esto supondría una peligrosa demostración de ingenuidad. Simplemente, los investigadores han demostrado que el ejercicio de las funciones cognitivas aumenta la eficacia de las sinapsis implicadas en lo que respecta a incremento de su superficie de contacto y del volumen de neurotransmisores. De ello se deduce que las estimulaciones cognitivas son necesarias para un óptimo funcionamiento cerebral.

En resumen, se puede decir que la neurobiología ha establecido los fundamentos científicos de la plasticidad cerebral. A la luz de estos trabajos, la plasticidad del cerebro sano aparece relacionada con las nociones de incremento de la actividad neuronal, de las arborizaciones dendríticas y de la eficacia sináptica.

Estos fundamentos científicos autorizan y estimulan a los especialistas a concebir programas de activación cerebral a partir de técnicas de estimulación cognitiva. Es la razón por la cual todos los programas en los que he trabajado reciben el nombre de PAC o «programa de activación cerebral», pero también «programa de actividades cognitivas». PAC-Junior está dedicado a los niños, PAC-Senior y PAC-Eureka a los adultos, mientras que PAC-Broca, confeccionado en el citado hospital, se centra sobre los enfermos que presentan problemas cognitivos graves relacionados con una patología del cerebro. El objetivo de esta obra es el de poner a disposición de cualquier persona «normal» interesada en su memoria un PAC accesible y práctico. Contrariamente a los programas anteriores, que exigían la intervención de un animador-pedagogo forjado en un seminario de formación, este PAC no requerirá más monitor que usted.

Sobre la base de estos conocimientos, algunos aún bastante incompletos, he establecido algunas articulaciones entre la organización cerebral, el funcionamiento cognitivo, la pedagogía y los factores psicoafectivos y ambientales. La síntesis de estos diversos conocimientos constituye el punto de partida de los PAC.

La filosofía de un PAC puede ilustrarse mediante el siguiente proverbio oriental: «Dar un pez a alguien puede alimentarle un día, enseñarle a pescar puede alimentarle durante toda su vida.» Un PAC enseña a aprender, y no a ingurgitar conocimientos didácticos, para poder gestionar por sí mismo, y con una eficacia óptima, su propio potencial.

Los PAC comportan dos enfoques complementarios, teórico y práctico, destinados respectivamente a explicar el funcionamiento cognitivo y a ejercer las facultades cognitivas. El enfoque teórico está fundamentado sobre la convicción que no se puede hacer adquirir a alguien las estrategias de desarrollo de la eficiencia cognitiva sin un mínimo de información sobre:

♦ El funcionamiento del órgano de las estrategias, es decir, el cerebro.
♦ El funcionamiento de la memoria y de las restantes facultades cognitivas.
♦ La comprensión de los factores conocidos susceptibles de perturbar el funcionamiento cerebral y el funcionamiento cognitivo. Se trata de los «factores de riesgo», que son:

● orgánicos (el alcohol, las drogas, algunos medicamentos con efectos secundarios sobre una atención normalizada, algunas enfermedades);
● psicoafectivos (la ansiedad y la depresión especialmente);
● psicotécnicos (el desconocimiento o la mala utilización de las estrategias).

Intervienen asimismo la comprensión de las estrategias de la cognición.

El enfoque práctico consiste en la aplicación de ejercicios cognitivos extremadamente variados y en la medida de lo posible atractivos, con distintos grados de dificultad que permiten a cada persona:

◆ Descubrir por sí misma sus propios modos de funcionamiento, en relación al tipo de actividad cognitiva requerida por el ejercicio.

◆ Ser consciente de sus posibles vicios de funcionamiento.

◆ Aprender las estrategias de la eficiencia cognitiva. Cada una de estas estrategias está explicada y ejemplificada mediante un ejercicio específico.

◆ Descubrir que la utilización de una o de varias estrategias apropiadas permite aumentar sus capacidades.

◆ Aprender a alternar las estrategias para poder seleccionar la o las más eficaces en una determinada situación.

◆ Aprender a reconocer y tratar el estrés y la ansiedad, perturbadores de la eficiencia cognitiva.

◆ Descubrir, a través de los ejercicios, la actitud dimisionaria y sus efectos perniciosos en la calidad del tratamiento de las informaciones.

Resumiré el interés de este doble enfoque teórico y práctico con la siguiente afirmación: comprender cómo funciona un instrumento, conociendo sus límites y los factores susceptibles de perturbar su buen uso, permite una mejor utilización del mismo.

Los enfoques teóricos y prácticos de los PAC no son secuenciales: no se trata de una fase teórica seguida de una fase práctica. Exceptuando algunos aspectos necesaria y exclusivamente teóricos del programa, la mayoría de las veces se alternan las explicaciones y las aplicaciones. En consonancia con la síntesis de estos conocimientos, diré que los PAC persiguen un objetivo que es al mismo tiempo neurobiológico, psicotécnico y psicológico.

El objetivo neurobiológico es definido por el concepto mismo de activación. Hemos visto anteriormente que el ejercicio de las funciones cognitivas puede acompañarse de modificaciones en la estructura y el funcionamiento del cerebro, al igual que el ejercicio físico actúa sobre la estructura y funcionamiento de los músculos. Naturalmente, esta comparación es simplista e incluso peligrosa, pero presenta la ventaja de ilustrar los fenómenos concomitantes a las estimulaciones cognitivas.

El objetivo psicotécnico persigue la adquisición de las estrategias de la memoria y de la cognición en general, es decir, la adquisición de los métodos actualmente conocidos y reconocidos más eficaces en materia de eficiencia cognitiva.

El objetivo psicológico concierne al desarrollo de las motivaciones, al mantenimiento de una actitud positiva y constructiva frente a las diversas situaciones de la vida en general y, en consecuencia, a la autoconfianza y al desarrollo personal. Se trata esencialmente de conservar el sentido del esfuerzo mental y el deseo de movilizar los recursos cognitivos y afectivos.

Estos tres objetivos son indisociables y deben ser alcanzados simultáneamente y no de forma secuencial. Considero que la activación cerebral a través de ejercicios cognitivos no puede ser eficaz sin estrategias pedagógicas y sin motivaciones. También estoy convencida de que las motivaciones sin ejercicios y sin estrategias no pueden garantizar la eficacia.

Probablemente le resulte ahora más fácil comprender que no puede existir un programa de desarrollo personal que haga intervenir *sólo* la memoria. Tales programas me parecen inconcebibles ya que «la» memoria, como fenómeno aislado e independiente, no existe. Hemos visto ya la multiplicidad de las actividades mnésicas y, sobre todo, sus interrelaciones y su dependencia con respecto a otras actividades cognitivas.

En consecuencia, el programa-memoria que propongo aquí constituye en realidad un programa de actividades cognitivas. No obstante, puede resultar cómodo hablar de «la» memoria, puesto que es la función que nos es más accesible y la que se concreta mejor en nuestros comportamientos, pero teniendo siempre presente la imagen de una «memoria-iceberg».

Antes de proseguir, me parece razonable disipar cualquier malentendido o ilusión simplista para evitar decepciones o pérdidas de tiempo. El PAC no es ningún milagro, no transforma a los «amnésicos» en «hipermnésicos». Está concebido para guiarle en la adquisición de las estrategias cognitivas que le permitirán gestionar por sí mismo y de forma óptima sus recursos personales y su potencial cognitivo. Sus resultados dependen en gran parte de usted mismo. No pueden ser idénticos para todos, ya que las necesidades y los puntos fuertes o débiles de cada persona son extremadamente diferentes.

Algunas personas pueden sentir la necesidad específica de aprender a concentrarse mejor, otras de expresarse mejor, otras de memorizar los números de teléfono o de las tarjetas bancarias, las informaciones leídas u oídas, los itinerarios, los nombres propios, los rostros, etc. Los ejemplos son infinitos, como podrá comprobar. ¿Sería conveniente proponer métodos específicos que respondan a todas esas necesidades? Sí y no.

Sí, porque, por razones profesionales o de otro tipo, podemos encontrarnos realmente ante la necesidad de controlar mejor un determinado tipo de información en lugar de otros: por ejemplo, es recomendable que un profesor conozca bien los nombres de todos sus alumnos para no llamar Durand o «tú» al que se llama Dupont. Lo mismo sucede con el médico con respecto a sus pacientes o con el vendedor con respecto a sus clientes.

Pero también he dicho que no porque este enfoque es peligroso en tanto que reductor. Limita nuestra memoria a ciertos aspectos estrictamente técnicos. Hace abstracción de otros parámetros que modulan el funcionamiento y la eficacia. Considero que es preferible educar la memoria desde la óptica de una adquisición de estrategias y técnicas de base que cada persona, por sí misma, adaptará de forma específica a las situaciones vividas y a sus necesidades.

Del mismo modo que, teóricamente, cuando se aprende a leer, es decir, cuando se aprende la estrategia-lectura, se puede leer TODO, cuando se aprende a memorizar se supone que se puede memorizar también cualquier cosa, siempre dentro, claro está, de los límites de lo posible. Sin embargo, no lo leemos todo ni tampoco lo memorizamos todo. Leer, como memorizar, no puede ser limitado a simples actividades mecánicas. Su práctica y su eficacia dependen de un conjunto de factores indisociables como el contenido, el interés, la utilidad, la intensidad de la luz para la lectura, la calidad de la percepción visual para la memoria visual, etc.

El programa de activación que propongo se presenta bajo la forma de principios pedagógicos y de ejercicios.

Los principios pedagógicos son las explicaciones que permiten comprender los principales factores susceptibles de perturbar la eficiencia cognitiva, así como las estrategias que permiten desarrollarla y mantenerla.

Los ejercicios se corresponden con las escalas para el pianista o con el entrenamiento de frontón para el tenista. Permiten descubrir y aplicar las estrategias propuestas en la parte pedagógica. Naturalmente, su contenido es artificial y en ocasiones sin gran interés, salvo evidentemente en los ejercicios de vocabulario. Su principal interés reside en la aplicación de los mecanismos cognitivos que le son específicos y, por tanto, en el fomento de la activación cerebral y en el dominio de una estrategia. En el entrenamiento de frontón del tenista no es el muro en sí lo importante, sino los movimientos que el jugador desea perfeccionar. Pero sin muro, este tipo de entrenamiento resultaría imposible.

Los ejercicios no son juegos, sino juegos educativos. No tienen por finalidad principal el placer o el ocio, sino el descubrimiento y la utilización de las estrategias cognitivas. Si a ello se añaden placer y ocio, tanto mejor. Tampoco son pruebas de examen, y mucho menos tests.

Sobre todo, no utilice cronómetro. No se trata de medir la eficacia. No privilegio ni la rapidez ni la competición contra uno mismo o contra los demás, sino la comprensión y la pedagogía. Considero que una persona «educada», que ha comprendido el funcionamiento de la memoria y que conoce sus estrategias, tiene todos los recursos para actuar rápidamente en caso de necesidad. Aquí la rapidez no es un fin en sí. Por el contrario, suele ser generadora de estrés y de pánico, y va en contra de la filosofía del programa de activación.

Lo que ésta reclama, en cambio, es constancia, disciplina y regularidad en la realización de los ejercicios. No basta con saber cómo realizar abdominales para desarrollar esos músculos. Naturalmente, esta imagen debe utilizarse con precaución: en ningún caso puede establecerse un paralelismo perfecto entre el cerebro o la memoria con el funcionamiento de un músculo. Es absurdo creer que la memoria se «hincha» al hacer ejercicios como se «hinchan» los músculos del abdomen al hacer abdominales. Pero el principio de ejercer para desarrollar es el mismo. Cada cual debe respetar los límites de esta metáfora.

Los ejercicios seleccionados son modelos, ilustraciones de los principios pedagógicos. Tienen una finalidad pragmática en la medida en que se corresponden generalmente con situaciones experimentadas en la vida cotidiana. El programa de activación puede ser considerado como una guía de iniciación a la eficacia cognitiva en la vida diaria.

Es evidente que sus resultados dependerán de su capacidad para transferir lo aprendido a las situaciones de la vida cotidiana. Dependerán de su capacidad de perseverar en sus esfuerzos y conservar sus motivaciones durante toda su existencia, y de forjarse su propio programa de activación cerebral a partir de las adquisiciones básicas y de las indicaciones que esta obra proporciona.

Por otra parte, antes de abrir este libro usted ya poseía unas estrategias básicas que utiliza, consciente o inconscientemente, sin comprender muy bien su papel en sus comportamientos cotidianos, al igual que Cervantes escribía novelas sin conocer el género.

Asimismo, hay que decir que el mejor terreno de ejercitación de la memoria y, en general, de las facultades cognitivas es la vida cotidiana. Tenemos mil y una ocasiones para estimular y conservar nuestra memoria. En otro sentido, ésta refleja habitualmente nuestro estado de salud mental. Constituye un buen barómetro del equilibrio psíquico, revelándose eficaz cuando nuestra moral está alta o «llena de lagunas» cuando nuestra moral está baja.

Los ejercicios son extremadamente variados desde el punto de vista de su contenido, de los mecanismos cognitivos requeridos (atención-concentración, razonamiento lógico, organización del espacio...) y del tratamiento de las informaciones (registro, consolidación y recuperación). Ninguno de los ejercicios puede considerarse «puro». Es prácticamente imposible requerir un mecanismo cognitivo independientemente de otro. Nuestro cerebro funciona como un todo, como hemos dicho y repetido. En consecuencia, las divisiones propuestas (memoria visual, verbal, espacial, asociativa...) son artificiales pero cómodas desde un punto de vista pedagógico. Estos diferentes enunciados designan simplemente el deseo de hacer hincapié sobre determinados receptores sensoriales o modos de tratamiento, sabiendo siempre que la «disección» de los procesos mentales en actividades aisladas es imposible.

El PAC, como todos los programas de activación, evita el «monocultivo»: algunas personas creen actuar correctamente ejercitándose sólo en la práctica de crucigramas, sopas de letras o bridge. Naturalmente, estas actividades son excelentes, pero presentan el inconveniente de activar sólo los mismos circuitos de reflexión, consiguiendo a la larga la adquisición de automatismos eficaces en ciertas situaciones, pero inoperantes en otras.

El espíritu del PAC, por el contrario, es el de la diversidad y la renovación frecuente de situaciones a partir del conocimiento de las estrategias de base, como lo son para el adolescente al final de la etapa escolar la lectura, la escritura, el dominio de las operaciones...

Una vez adquiridas estas estrategias, se estará convenientemente «equipado» para abordar cualquier aprendizaje dentro de los límites de lo razonable.

# Segunda parte

# PROGRAMA DE ACTIVACIÓN

# Introducción

## Los «materiales» de nuestra memoria

En su vida cotidiana, el ejercicio más sencillo, el más habitual pero también el más fundamental, consiste en «fijar» en su cabeza las imágenes mentales.

El término de *imagen mental* designa lo que usted tiene «en su cabeza» cuando se representa las cosas (por ejemplo, la rosa que imagina en un jardín), cuando recuerda un determinado hecho o persona... y, de una forma general, cuando piensa.

Estas imágenes mentales constituyen los materiales de la memoria y del pensamiento en general, como los ladrillos, el cemento, la arena y el agua que permiten a un albañil construir un muro. Así construye usted sus recuerdos y «funciona» mentalmente mediante imágenes mentales.

Antes de levantar su muro, el albañil comienza reuniendo los materiales. Los conoce perfectamente y sabe cómo manejarlos. Inspírese en él: antes de ejercer la memorización, intente familiarizarse con las imágenes mentales.

Para ello, pongamos un ejemplo:

♦ Dedique unos instantes a representarse –es decir, «fijar» en imágenes en su mente– su vivienda actual: un estudio, un piso, una casa.

♦ Plantéese algunas preguntas. En primer lugar, el emplazamiento: ¿Dónde se encuentra su vivienda? ¿En qué ciudad o población, en qué barrio, en qué calle? No se trata, por supuesto, de anotar las respuestas, sino de «verlas» en su cabeza.

> **El proceso cognitivo que consiste en «ver» en su mente se conoce como «visualización». El contenido, es decir, lo que se «ve», se denomina imagen mental.**

¿Cómo se ha desarrollado esta primera visualización?

♦ Algunas personas habrán «visto» su vivienda en forma de flashes extremadamente breves, evanescentes. Las imágenes se «fijan» en su mente y desaparecen al momento.

- ◆ Otras habrán «visto» su vivienda con tiempo suficiente para detenerse después de cada una de las preguntas y reunir así un máximo de información, es decir, fijar un máximo de imágenes como respuesta a cada una de las cuestiones. Intentan ser lo más precisas posibles.

- ◆ Los primeros habrán «visto» su vivienda *grosso modo*, los últimos la habrán «visto» en detalle. Entre esos extremos se sitúan todos los grados posibles de visualización.

- ◆ En esta situación de gran simplicidad, unos y otros habrán reaccionado espontáneamente, según su personalidad o su motivación hacia este ejercicio cuyo objetivo no es, recordemos, la efectividad máxima, es decir, el número y la precisión de las imágenes que acuden a la memoria, sino simplemente la familiarización con las nociones fundamentales de imagen mental y visualización.

- ◆ Este ejercicio también nos ha permitido materializar el concepto de activación cerebral.

Si, mentalmente, me represento mi vivienda en forma de flashes evanescentes, más o menos vagos, invierto menos energía que si me concentro para escrutarla en todos sus detalles. El esfuerzo cognitivo y, en consecuencia, la activación en este punto concreto son menores.

En el segundo caso, si me concentro con fuerza, realizo un esfuerzo de atención sostenida y de precisión con respecto a la calidad de las imágenes mentales referentes al emplazamiento de mi vivienda. Así activo un amplio número de territorios cerebrales implicados en la restitución o recuperación memorística de un gran número de infromaciones sobre mi vivienda y su emplazamiento.

◆ Retomemos este ejercicio intentando imaginar el entorno de la casa o del piso: los vecinos de calle o de rellano, por ejemplo. ¿Cómo son sus puertas de entrada? Si se trata de una casa, ¿tienen una verja? ¿Hay un felpudo? ¿Figura su nombre en la puerta? ¿Tienen timbre? ¿Dónde está? ¿Cuántas cerraduras hay?
◆ Aquí también, algunas personas pueden tener recuerdos extremadamente precisos como respuesta a todas esas preguntas, mientras que otras serán incapaces de responder a ninguna.

¿Tienen las primeras más memoria que las segundas? No necesariamente. Quizá tengan simplemente más espíritu de observación. Pero para observar todas esas cosas hace falta que les interesen. Si les son completamente indiferentes, es muy probable que no se acuerden de nada, o de muy poco, aunque posean un espíritu observador.

♦ En este ejemplo vemos hasta qué punto el interés determina la intensidad de la atención, de la observación y, por tanto, de la calidad de la memoria.

**No recordamos –o recordamos mal– las informaciones que no nos interesan.**

Hablemos un poco de esta falta de interés.

No recuerdo detalles de la puerta de entrada de mi vecino porque, en realidad... nunca la miro. No la miro nunca porque no conozco a mi vecino: nunca he tenido la ocasión de encontrármelo, no tenemos los mismos horarios... Cuando llego a mi casa por la tarde, estoy totalmente saturada por todo lo que he hecho durante el día, estoy cansada física y espiritualmente, por lo que no «veo» todo lo que mis ojos ven.

**No recordamos –o recordamos mal– las informaciones que no hemos registrado o que registramos mal.**

Podríamos multiplicar los ejemplos con otros tipos de información visual, auditiva, etc.

## Nuestras «lagunas de memoria»

Con frecuencia, y hemos visto en parte por qué, los «materiales» de nuestra memoria –las imágenes mentales– son de mala calidad, y, en consecuencia, el muro de nuestro albañil es también cualitativamente endeble.

Cuando no recordamos algo que hemos visto o escuchado o, de una forma general, que hemos vivido, y pensamos por ello que sufrimos un problema de memoria, hay que plantearse en primer lugar cinco preguntas fundamentales:

### 1. «¿He visto o escuchado bien?»

Imaginemos la siguiente situación: me encuentro en la última fila de una sala mal iluminada, llena a reventar y mal insonorizada, para escuchar una conferencia o un mitin electoral. Me cuesta distinguir los rasgos del rostro del conferenciante y percibir correctamente lo que dice... Sin embargo, la calidad de las imágenes mentales depende en parte de nuestra acuidad sensorial.

Por tanto, también me costará recordar su rostro o sus palabras.

**Conclusión:**
**Para memorizar las informaciones captadas por los órganos sensoriales, la acuidad sensorial debe ser buena.**

## 2. «¿Me interesaba esa información?»

Hemos visto también que la calidad dependía del interés que pongamos en las cosas.

Aunque me encuentre en la primera fila de una sala bien iluminada y de acústica perfecta para escuchar una conferencia que no me interesa, me encuentro como ausente y me dejo distraer por preocupaciones personales. En ese tipo de situación también nos cuesta rememorar acontecimientos que, no obstante, hemos vivido.

**Conclusión:**
**Se memorizan más fácilmente las informaciones que nos interesan o que nos son de utilidad.**

### 3. «¿Ha sido bien comprendida la información?»

Otra situación: las condiciones materiales de la sala son perfectas, veo y escucho muy bien al conferenciante y, además, el tema me interesa. Sin embargo, no puedo comprenderlo todo: el conferenciante no se expresa con la suficiente claridad, por ejemplo, o habla demasiado rápido, o el tema de la conferencia es demasiado difícil para mí, o, simplemente, hay muchísima información que memorizar...

Como en las situaciones anteriores, me costará recordar íntegramente esa conferencia. Recordaré con mayor facilidad aquello que he comprendido.

Conclusión:
**La comprensión facilita la memorización.**

### 4. ¿«Ha sufrido la información un bloqueo afectivo» o ha sido registrada en un contexto psicoafectivo perturbado?

También puede ocurrir que la información haya sido parasitada por una perturbación psicoafectiva (una contrariedad, un problema sentimental...).

94

En alguna ocasión se ha llegado a decir: Creo haber visto o escuchado eso en alguna parte, pero ¿dónde y cuándo? En ocasiones, el recuerdo nos llega, en otras, no.

Al igual que en las situaciones a que nos hemos referido anteriormente, nos costará rememorar los acontecimientos afectivamente «perturbadores», los que nos alteran y que inconscientemente rechazamos.

**Conclusión:**
     **El equilibrio afectivo desempeña un papel fundamental en el aprendizaje y la memoria.**

## 5. «¿He tratado bien la información?» En otras palabras: «¿He utilizado la o las estrategias adecuadas?»

En otras situaciones, sin ningún contexto afectivo perturbador, sin condiciones sensoriales o psicológicas desfavorables, sin deficiencias de comprensión, sucede que tampoco podemos acordarnos. Entonces debe plantearse la pregunta que encabeza este párrafo.

**Conclusión:**
     **Tratar la información facilita la memorización.**

Querer recuperar un recuerdo que ha sido objeto de un mal registro de memorización es una tarea muy difícil.

Esta última pregunta cuestiona la calidad del tratamiento de las informaciones vistas y oídas, y de las situaciones experimentadas en el momento en que las vivimos. Cuanto mayor es la calidad del tratamiento, más posibilidades tendremos de recordar. Tratar la información significa realizar operaciones mentales sobre dicha información. Es precisamente sobre este punto –las operaciones mentales que hay que realizar para facilitar la memorización, en otras palabras, la adquisición de las estrategias que permiten tratar la información de modo óptimo– sobre el que vamos a trabajar.

Si su respuesta a una de estas preguntas, *a fortiori* a varias de estas cuestiones, es negativa, es más que probable que sufra algún «problema» de memoria.

De usted depende interrogarse y ejercitarse para mejorar su efectividad.

## Presentación de los ejercicios

Los siguientes ejercicios tienen como objetivo, de un modo general y sea cual sea el ejercicio propuesto, incitarle a la fabricación de imágenes cognitivas o representaciones mentales que constituyen los materiales de los recuerdos y del pensamiento.

Están organizados en tres módulos y clasificados en grados de Dificultad *, Dificultad ** y Dificultad ***.

Esto no significa en absoluto que usted sea «clasificado»; como hemos dicho, el programa de activación no es ni un juego ni un concurso. El número de asteriscos depende del tiempo que quiera invertir en cada ejercicio, o también de su propia personalidad: está claro que podrá retener imágenes o palabras que estén más en consonancia con su carácter o su profesión. A la inversa, un término anodino puede evocarle algo bastante desagradable.

En realidad, esos asteriscos corresponden a su curiosidad, a su deseo (o no) de profundizar en un determinado ejercicio. En ningún caso deben ser prefijados o restrictivos. Constituyen, por el contrario, un espacio de libertad.

Se definirá un objetivo específico para cada uno de los ejercicios en correspondencia con las situaciones habituales de la vida cotidiana.

En la medida de lo posible, intentaremos ilustrar los principios pedagógicos mediante ejemplos extraídos de la vida cotidiana.

# Módulo 1
# «Fabricar» Imágenes

## 1. MEMORIA VISUAL ESPONTÁNEA

## 2. MEMORIA VISUAL VOLUNTARIA

## 3. IMÁGENES ASOCIADAS

# 1. MEMORIA VISUAL ESPONTÁNEA

## Dificultad *

- ◆ Observe los elementos que aparecen en la página siguiente.
- ◆ Mírelos simplemente una sola vez.
- ◆ Después vuelva la página.

103

- ◆ Intente recordar el máximo número de elementos.
- ◆ Si lo desea, puede anotar sus nombres a continuación:

Si no los ha memorizado todos, pase a la página 109.

Si los ha memorizado todos, puede proseguir con el ejercicio de Dificultad **:

- ◆ Observe los elementos que aparecen en la página siguiente ☞.
- ◆ Mírelos simplemente una sola vez.
- ◆ Después vuelva la página.

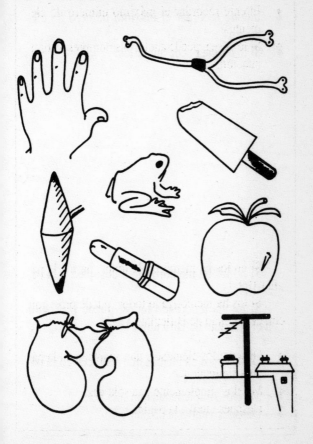

- ◆ Intente recordar el máximo número de elementos.
- ◆ Si lo desea, puede anotarlos:

Si no los ha memorizado todos, pase a la página 109.

Si los ha recordado todos, puede proseguir con el ejercicio de Dificultad ***:

- ◆ Observe los elementos que aparecen en la página siguiente ☞.
- ◆ Mírelos simplemente una sola vez.
- ◆ Después vuelva la página.

107

- ◆ Intente recordar el máximo número de elementos.
- ◆ Si lo desea, puede anotarlos a continuación:

# Principios pedagógicos

Es posible que haya memorizado todos los elementos, en las tres categorías.

Es más probable que, en alguna de las categorías, haya olvidado algunos elementos.

Por el contrario, también puede haber «fijado» en su mente algunos objetos que no figuraban en los dibujos.

*Análisis de los olvidos:*

Intente analizar sus olvidos pensando en las cinco preguntas de la introducción. Evidentemente, estas cinco cuestiones no tendrán necesariamente la misma pertinencia. Ésta varía con la situación.

## 1. ¿He visto o escuchado bien?

Algunos objetos se «imponen» más que otros, su trazo es más explícito, más nítido. Éstos tienen más posibilidades de dejar un recuerdo preciso. El bote que contiene la mermelada de fresa es menos evidente e inmediato de registrar que los guantes de boxeo.

## 2. ¿Me interesaba esa información?

Probablemente, no todos los elementos han sido observados con la misma atención e interés. Algunos eran más cotidianos y fáciles de memorizar que otros. En algunos de esos objetos la identificación no ha sido inmediata, es necesario recordar a la vez su forma y su contenido, mientras que en otros una simple ojeada ha bastado para registrarlos. Una antena, por ejemplo, no es tan corriente como una cafetera, que forma parte de nuestro entorno inmediato.

## 3. ¿Ha sido bien comprendida la información?

Para este tipo de ejercicio, la cuestión no es muy pertinente, ya que la comprensión interviene muy poco. El papel de la comprensión es más importante en la retención de informaciones verbales.

## 4. ¿Ha sufrido la información un bloqueo afectivo?

Por razones personales o afectivas, algunos objetos nos «llegan» más que otros. Algunos de ellos pueden presentar para usted una connotación agradable o desagradable. Si le gusta pintar, es probable que recuerde muy bien el caballete. Por el contrario, si detesta el queso o los policías...

## 5. ¿He tratado bien la información? En otras palabras: ¿He utilizado la o las estrategias adecuadas?

Probablemente aquí no habrá utilizado voluntariamente ninguna estrategia específica. Se habrá limitado a registrar y después a intentar restituir. Ha esforzado su atención, sin recurrir voluntariamente a una estrategia en particular. En las páginas siguientes veremos las estrategias específicas que facilitan la retención.

*Análisis de los añadidos:*

Es posible que haya «fijado» en su mente elementos que no figuraban en las series: este fenómeno se conoce como *intrusión* o *interferencia*. La percepción de un objeto puede activar la imagen de uno o varios objetos asociados a aquél. Estas interferencias pueden parasitar o perturbar la memorización. Incluso pueden provocar «cortocircuitos».

En la vida cotidiana se pueden encontrar numerosos ejemplos: con frecuencia nos ocurre que vamos a buscar alguna cosa a una habitación y, al llegar allí, no sabemos qué habíamos ido a hacer; o nos preparamos para explicar un suceso y, en el momento de contarlo, nos quedamos en blanco. En tales casos decimos que estamos distraídos. En realidad, las interferencias suelen ser las responsables de ese tipo de distracciones.

# 2. Memoria visual voluntaria

# DIFICULTAD *

♦ Observe la serie de elementos de la página siguiente ☞, pero, en esta ocasión, aplicando voluntariamente las estrategias siguientes:

♦ Mire las partes superior, central, inferior, derecha e izquierda de la página.

♦ Observe los objetos en relación a esas distintas referencias o coordenadas espaciales.

♦ Observe los objetos situándolos en el espacio y relacionándolos unos con otros (tal objeto está arriba y a la derecha de tal otro..., etc.).

♦ Rememore los elementos en función de esas referencias espaciales y anótelos en la página 116.

◆  Si lo desea, puede anotar el nombre de los objetos:

Es posible que los haya memorizado todos.
En tal caso, puede proseguir con el ejercicio de Dificultad **:

◆  Observe los objetos en relación a las distintas referencias espaciales.

◆  Mire esos elementos situándolos en el espacio y relacionándolos unos con otros (tal objeto está arriba y a la derecha de tal otro..., etc.).

◆  Rememore los elementos en función de esas coordenadas espaciales y anótelos en la página 118.

♦   Si lo desea, puede anotar el nombre de los objetos:

Es posible que los haya memorizado todos.

En ese caso, puede proseguir con el ejercicio
de Dificultad ***:

♦   Observe las partes superior, central, inferior,
derecha e izquierda de la página siguiente ☞.

♦   Mire los objetos con respecto a esas coordenadas espaciales.

♦   Contemple esos elementos situándolos en el
espacio y relacionándolos unos con otros (tal
objeto está arriba y a la derecha de tal otro...,
etc.).

♦   Rememore los elementos en función de esas
referencias espaciales y anótelos en la página 120.

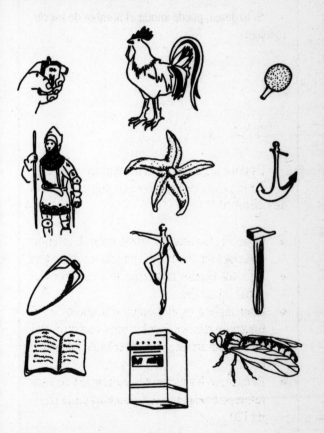

119

Si lo desea, puede anotar el nombre de los elementos:

# Principios pedagógicos

Es posible que haya memorizado todos los elementos, en las tres categorías.

Es más probable que, en alguna de esas categorías, haya olvidado algunos objetos.

Por el contrario, también puede haber «fijado» en su mente elementos que no figuraban en los dibujos.

Plantéese las cinco preguntas de las páginas 109 a 112.

Estas estrategias se refieren a la construcción del espacio y a la fabricación de referencias espaciales que facilitarán la «codificación» de informaciones y también facilitarán su recuperación. Estas coordenadas constituirán los índices en el momento de restitución memorística. Los índices de una buena memorización son los mejores para una óptima rememorización (recuerdo). Más adelante tendremos ocasión de profundizar en la noción de referencia y en las estrategias de gestión del espacio.

Cuando se «ve» un objeto en la mente, es «visto» generalmente en alguna parte, entre otros objetos... En consecuencia, situar un objeto en el espacio facilita la memorización. De forma espontánea, memorizamos más fácilmente las partes superior e inferior, las primeras y las últimas informaciones. En psicología, este fenómeno se denomina «efecto de lo primero y de lo reciente». Pero la memorización visual espontánea está siempre limitada. Podemos aumentar esta memoria espontánea mediante una memoria voluntaria, construyendo el espacio mentalmente, es decir, fabricando coordenadas espaciales. La memoria visual es con frecuencia una memoria espaciovisual. Por tanto, es más fácil recordar habiendo construido previamente el espacio en el momento de memorizar, que hacerlo simplemente en el momento de rememorar.

**No olvide que:**
**Construir el espacio es una operación mental. Es un sistema de tratamiento de la información. Es una manera de fabricar la imagen men-**

tal. Es, pues, una estrategia de memorización. Esta estrategia debe ser utilizada previamente durante el registro o codificación de las informaciones. De este modo se facilitará la recuperación de estas últimas.

## Las aplicaciones en la vida cotidiana

Todos solemos perder las llaves, las gafas u otros diversos objetos. Pongamos un ejemplo concreto. Casi todos nos hemos dejado las llaves puestas en la puerta de casa o en cualquier otra parte, para dedicarnos a otras ocupaciones domésticas... pero después tenemos que salir otra vez. Situación clásica: «¿Qué he hecho con mis llaves?» Algunas personas recurren a la «moviola», reviviendo mentalmente todo lo que han hecho. Es ésta una estrategia que no siempre funciona.

Otra estrategia mucho más sencilla y, sobre todo, más eficaz consiste en «fotografiar» mentalmente la zona, el lugar concreto y los objetos pequeños o grandes que definen el espacio en que se han dejado las llaves.

«He dejado las llaves sobre la mesa baja del salón, entre el libro y la planta.»

Esta ubicación constituye una estructura, una configuración espaciovisual en la que se inserta conscientemente y no maquinalmente la información «llaves». Hablamos de estructura o configuración porque esa ubicación, ese emplazamiento, están definidos por una parte superior, una inferior, una izquierda, una derecha, una anterior, una posterior... En el momento en que se dejan las llaves se debe fotografiar mentalmente la estructura «libro-llaves-planta» sobre la mesa del salón. Se trata de un proceso consciente que no exige demasiado tiempo. Este proceso no requiere más tiempo que el del gesto de dejar las llaves sobre la mesa. Se trata, pues, de una actitud que hay que intentar automatizar, es decir, crear una especie de reflejo mental que se activará cuando la información que se quiere retener nos parezca útil, importante o presente algún interés para nosotros. Se beneficiarán menos de este tipo de estrategia aquellos que, «de natural», estén siempre en la luna.

> **Fotografiar una estructura espaciovisual es una estrategia que refuerza la memorización.**

Así, cuando queremos encontrar las llaves para salir de nuevo, es decir, cuando pedimos a nuestro cerebro que recuerde dónde están las llaves, éste no recuperará sólo las llaves, sino toda la estructura «libro-llaves-planta» sobre la mesa del salón.

Resulta más difícil para el cerebro memorizar una información aislada que una información integrada en un contexto.

Hemos puesto el ejemplo de las llaves. Pero podríamos haber escogido cualquier otro objeto (las gafas, un sombrero, el bolso, la correspondencia, un informe...).

*Ejercicios de memorización*

Con respecto a la memoria visual espontánea y la memoria visual voluntaria:

♦ Recordar los objetos de los ejercicios:
de la página 103 y
de la página 115.

En su vida cotidiana, esfuércese también en aplicar estos tres principios pedagógicos:

## *Construir el espacio estableciendo coordenadas*

Por ejemplo:
♦ reconstruir la distribución de los estantes en el supermercado en el que habitualmente realiza sus compras;
♦ reordenar la disposición de los botes de cocina colocándoles un letrero con lo que contiene cada uno.

## *«Fotografiar» mentalmente configuraciones espaciovisuales*

Por ejemplo:
♦ para las personas cuya vida se desarrolla habitualmente en el hogar, el salón. Intente situar con precisión el emplazamiento de la televisión, de los sillones, de los cuadros que cuelgan en las paredes, etc.;
♦ su lugar de trabajo o el despacho de un superior.

## *Fijar recuerdos a partir de imágenes fabricadas*

Por ejemplo:
- reconstruir el trayecto en transporte público que realiza habitualmente, con el nombre de las estaciones o el orden de las calles;
- represéntese mental y esquemáticamente los anuncios publicitarios que ha visto a lo largo del día;
- imagine lo que hacen sus amigos y colegas en el lugar en que se encuentren en este mismo momento;
- los distintos países de Europa, y después del mundo, como si los estuviera contemplando en un mapa;
- los coches de sus amigos y conocidos, indicando su color;
- la ropa que habitualmente llevan;
- la fachada y la decoración interior de los restaurantes que suele frecuentar.

Fije los recuerdos de cualquier otro tipo de información que le afecte o presente algún interés para usted.

# 3. IMÁGENES ASOCIADAS

# DIFICULTAD *

♦ Observe las parejas de objetos de la página siguiente ☞.

♦ Después, vuelva la página.

◆ Recuerde los objetos que faltan e inscríbalos en su lugar:[1]

Es posible que los haya recordado todos.

En ese caso puede proseguir con el ejercicio de Dificultad **:

◆ Mire las parejas de objetos de la página siguiente ☞.

◆ Seguidamente, vuelva la página.

1. Puede escribir el nombre o representárselo sólo mentalmente.

◆ Recuerde los objetos que faltan e inscríbalos en su lugar:[1]

Es posible que los haya recordado todos.

En ese caso puede proseguir con el ejercicio de Dificultad ***:

◆ Contemple las parejas de objetos de la siguiente página ☞.

◆ Después, vuelva la página.

1. Puede escribir el nombre o representárselo sólo mentalmente.

135

# Ejercicio Dificultad ***

◆ Recuerde los objetos que faltan e inscríbalos en su lugar:[1]

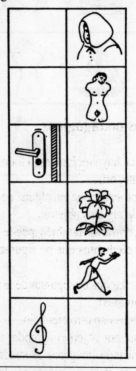

1. Puede escribir el nombre o representárselo sólo mentalmente.

## Principios pedagógicos

Es posible que haya memorizado todos los elementos, en las tres categorías.

Es más probable que, en alguna de esas categorías, haya olvidado algunos objetos.

Por el contrario, también puede haber «fijado» en su mente elementos que no figuraban en los dibujos.

Plantéese las cinco preguntas de la página 109 (análisis de los olvidos).

Seguiremos con otro ejercicio:

Éste tiene por objetivo aprender a tratar la información fabricando imágenes asociadas y elaborando asociaciones de ideas que reforzarán la memoria.

**La asociación de ideas constituye una estrategia fundamental para la eficacia de la memoria y del intelecto en general.**

Las imágenes de estos ejercicios han sido elegidas al azar. No presentan *a priori* ninguna relación lógica evidente. Por tanto hay que inventar una relación, lógica o no, un pequeño escenario o una pequeña historia que permitan asociar las imágenes y memorizarlas. La organización estructural y funcional de nuestro cerebro y nuestro universo psíquico en general hace que sea siempre posible establecer una asociación o encontrar un vínculo entre dos elementos que parecen no tenerlo.

## DIFICULTAD *

♦ Mire cada una de las parejas de la página siguiente ☞.
♦ Intente imaginar una asociación, es decir, una relación cualquiera entre las parejas de elementos.
♦ Recupere después los elementos que faltan.

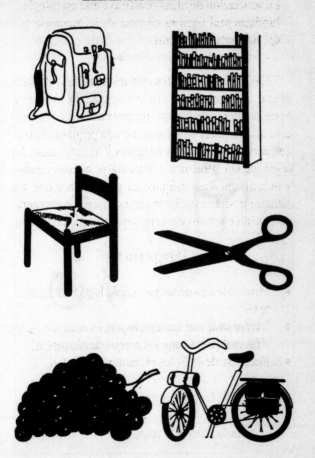

♦ Recuerde los elementos que faltan e inscríbalos en su lugar correspondiente:

Es posible que los haya recordado todos.

En ese caso prosiga con el ejercicio de Dificultad **:

♦ Observe las parejas de objetos de la página siguiente ☞.

♦ Después, vuelva la página.

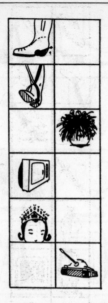

Es posible que los haya recordado todos.

En ese caso prosiga con el ejercicio de Dificultad \*\*\*:

- Observe las parejas de objetos de la página siguiente ☞:
- A continuación, vuelva la página.

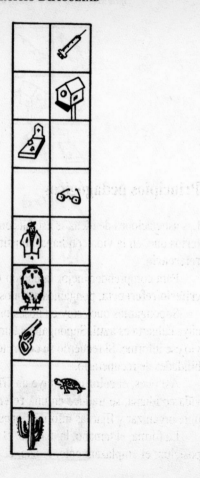

## Principios pedagógicos

Las asociaciones de ideas se establecen a partir de **criterios** que, en la vida cotidiana, constituyen puntos de **referencia**.

Para comprender mejor la noción fundamental de **criterio/referencia**, pongamos algunos ejemplos.

Supongamos que estoy en posesión de un informe cuya cubierta es **azul**. Supongamos también que extravío ese informe. Si recuerdo su **color**, tendré más posibilidades de recuperarlo.

Así pues, el **color** constituye un criterio que, en la vida cotidiana, se traduce en una **referencia** que permite organizar y fijar las informaciones.

La forma, el tamaño, la materia, el movimiento, la posición, el emplazamiento, el uso, el parecido, la diferencia... de los objetos constituyen otros criterios que se traducen en otros tipos de referencias. Anteriormente hemos hablado de las referencias espaciales. Consisten en criterios lógicos y racionales, a los que podemos añadir criterios/conceptos más abstractos, o también criterios imaginativos, irracionales o afectivos que forjamos a partir de nuestra personalidad.

Puedo asociar el objeto «alcachofa» al objeto «café» en función de, por ejemplo, su color, siendo el primero verde y el segundo negro.

También puedo asociarlos diciendo que la alcachofa es sólida y el café líquido. En esta asociación, el criterio utilizado es la materia.

Asimismo puedo decir que la alcachofa y el café se consumen. En este caso utilizo el criterio «uso». Si digo que ambos son productos de consumo, utilizo como criterio un concepto. También me sirvo de un concepto cuando digo que un reloj y unas gafas son complementos. Del mismo modo puedo decir: «Necesito mis gafas para ver la hora.» Este último criterio es el del uso, es decir, lo que se hace con los objetos.

Puedo asociar un vaso y un zapato de múltiples maneras:

◆ El vaso es de cristal, el zapato de cuero.
◆ La imagen de un vaso con pie sugiere la imagen de un pie, lo cual sugiere la imagen de un zapato.

un vaso                           un zapato

También puedo asociar dos objetos a partir de criterios peregrinos o imaginativos, diciendo por ejemplo:

«Cuando he bebido demasiadas copas, me siento a la altura de mis zapatos.»

No existen en sí criterios más eficaces que otros. Algunos pueden revelarse eficaces para ciertas personas e inoperantes para otras. Nuestro sistema de asociación depende de nuestra organización mental, de nuestros hábitos de pensamiento, de nuestras actitudes en el trabajo o en otros campos, de nuestras necesidades, de nuestra personalidad. Lo importante es conocer esos distintos sistemas asociativos y, sobre todo, diversificarlos, pasar de uno a otro según la situación. La mayoría de las veces, para ser eficaz, debemos combinar diferentes tipos de asociación, mezclar lo racional y lo irracional. Algunas personas, víctimas del «mono-

147

cultivo», utilizan siempre las mismas palabras, razonan siempre del mismo modo... Este fenómeno se denomina *psicorrigidez*. Suelen ser personas que se adaptan mal a las situaciones nuevas, a los cambios. A mi parecer, se trata más de una cuestión de carácter que de edad.

No obstante, hay que saber que el envejecimiento moral se acompaña de una pérdida del nivel de flexibilidad y fluidez asociativas, así como de la adaptabilidad en general. Cuanto más envejece el cerebro, menos imágenes mentales registra espontáneamente. Esto no significa en ningún caso que el cerebro de una persona mayor sea incapaz de fabricar imágenes. Simplemente, construye un menor número de manera espontánea. En cualquier caso, hay que relativizar este último punto pensando en que el entorno social psicoafectivo desempeña un papel fundamental en el mantenimiento de la actividad cerebral. Numerosos trabajos han demostrado las correlaciones positivas entre el entorno y las capacidades de aprendizaje y de memorización. Cuanto más estimulante es el entorno, más se pueden desarrollar esas capacidades.

Estos ejercicios enseñan la autoestimulación. No todo el mundo tiene la posibilidad de beneficiarse de un medio social o afectivo hiperestimulante. Por tanto, hay que crearse las propias estimulaciones. Se consigue más fácilmente si se mantiene siempre alerta la necesidad de la activación cerebral. Así pues, estos ejercicios nos enseñan a construir imágenes cuyo papel en el tratamiento de las informaciones facilita la consolidación y recuperación de éstas.

## Las aplicaciones en la vida cotidiana

### ¿Cómo puede ayudarnos la construcción de imágenes asociadas en la vida cotidiana?

La utilización de imágenes asociadas es eficaz en un gran número de comportamientos cotidianos. He aquí algunos ejemplos de estas situaciones:

Imagine que, en un momento determinado, debe informar a alguien sobre un objeto, una carta, un libro o un aparato cualquiera. Para no olvidarse de ello, se puede imaginar previamente el siguiente escenario: se «ve» el objeto en cuestión saltando de su bolso, de su cartera, de su maleta..., en el momento en que éste se dispone a escaparse. Se trata, claro está, de una situación irreal, pero no por ello menos eficaz. Para este tipo de memoria, denominada **memoria prospectiva**, es decir, memoria de los proyectos, de lo que hay que hacer, lo esencial es programar previamente ese escenario en el momento en que se toma la decisión de cumplir el proyecto.

En esta situación hemos utilizado el criterio «movimiento» a partir de un escenario irracional pero que llama poderosamente la atención.

Otra situación:

Ayer hice la compra, pero olvidé adquirir dos cosas: sacarina y pilas para el transistor. Puedo establecer una asociación de ideas entre esos dos objetos a partir de, por ejemplo, nociones de peso y materia. La sacarina sugiere una imagen de ligereza (por asociación a la noción de régimen, de obesidad), mientras que la pila ofrece una imagen de dureza. Que esta asociación esté un poco «cogida por los pelos» no tiene ninguna importancia, ya que lo esencial es que constituya un punto de partida para la imaginación.

Recuerde:

Todos podemos elaborar eficaces asociaciones de ideas sin necesidad de recurrir a la lógica o a los conocimientos sobre los conceptos de criterios/referencias. Evolucionamos, caminamos, corremos..., sin necesidad de dominar la ley de la gravedad. Por tanto, se puede tener una excelente memoria sin comprender su funcionamiento y no preocuparse por ello. Todas esas explicaciones interesarán a aquellas personas preocupadas por hacer trabajar su memoria, y por tanto son valores añadidos.

*Ejercicio de memorización*

♦ Observe los elementos de la página 152.
♦ Utilice todas las estrategias aprendidas en el transcurso de este capítulo.
♦ Vuelva la página (o cierre el libro).
♦ Recuerde el máximo de elementos.
♦ Repítalo varias veces si es necesario, verificando los resultados con ayuda del libro y analizando sus olvidos.

# Módulo 2
# LA IMAGINERÍA SEMÁNTICA

## 1. ORGANIZACIÓN VERBAL

## 2. VOCABULARIO Y PENSAMIENTO

## 3. MEMORIZACIÓN
## DE NOMBRES PROPIOS

## 4. MEMORIA AUDITIVA
### (o memoria de las informaciones oídas)

1. IMAGINACIÓN VERBAL
LA IMAGINERÍA SEMÁNTICA

En el capítulo dedicado al funcionamiento cerebral hemos visto que la memoria es indisociable de la semántica: atribuimos un sentido y un significado a lo que percibimos, a lo que nos representamos mentalmente, a los acontecimientos que vivimos. La imagen mental es visual, pero también verbal. Cualquier objeto de percepción o de representación mental tiene un nombre y es designado por un concepto. Todas las palabras tienen una doble función: son significantes y significados.

Se conoce como memoria semántica la memoria de los conocimientos culturales conceptuales y lingüísticos. La semántica interviene en la representación de los objetos, pero también de los hechos, las situaciones y los acontecimientos. Esto da idea de la importancia de la imaginería semántica en la eficacia del funcionamiento cognitivo en general.

# 1. ORGANIZACIÓN VERBAL

- ◆ Observe los elementos que aparecen en la página siguiente ☞.
- ◆ Lea las cinco palabras de la columna 1.
- ◆ Tape la columna 1.
- ◆ Recuerde las palabras de la columna 1 a partir de las abreviaturas de la columna 2.
- ◆ Tape las columnas 1 y 2, y después las 1, 2 y 3, e intente recordar las palabras. Las abreviaturas de la columna 4 se presentan desordenadas.

**Una abreviatura constituye un índice de recuperación.**

|   1   |   2   |   3   |   4   |
|-------|-------|-------|-------|
| ARMARIO | ARMR | ARM | CNP |
| MANTÓN | MNTN | MNT | OBJ |
| OBJETIVIDAD | OBJT | OBJ | GLD |
| GOLONDRINA | GLDR | GLD | MNT |
| CANAPÉ | CANP | CNP | ARM |

Vuelva la página e intente recordar el máximo número de palabras.

Escriba las palabras que recuerde:

Analice sus olvidos.

Si ha memorizado todas las palabras, puede proseguir con el ejercicio de Dificultad ** de la página siguiente ☞.

- ◆ Lea las doce palabras de la columna 1.
- ◆ Tape la columna 1.
- ◆ Recuerde las palabras de la columna 1 a partir de las abreviaturas de la columna 2.
- ◆ Tape las columnas 1 y 2, y después las 1, 2 y 3, e intente recordar las palabras. Las abreviaturas de la columna 4 se presentan en desorden.

# ELEMENTOS DIFICULTAD **

| 1 | 2 | 3 | 4 |
|---|---|---|---|
| ARMARIO | ARMR | ARM | TRL |
| MANTÓN | MNTN | MNT | EST |
| OBJETIVIDAD | OBJT | OBJ | VTD |
| GOLONDRINA | GLDR | GLD | OBJ |
| CANAPÉ | CANP | CNP | DSM |
| CUERVO | CURV | CRV | AGV |
| HONESTIDAD | HNST | HNT | MNT |
| VESTIDO | VSTD | VTD | CRV |
| DISIMULO | DSML | DSM | HNT |
| ESTANTERÍA | ESTR | EST | CNP |
| AGRESIVIDAD | AGSV | AGV | GLD |
| TÓRTOLA | TRTL | TRL | ARM |

Vuelva la página e intente recordar todas las palabras que pueda.

Escriba las palabras que recuerde:




Analice sus olvidos.

Si ha conseguido memorizar todas las palabras, puede proseguir con el ejercicio de Dificultad *** de la página siguiente ☞.

♦ Lea las veinte palabras de la columna 1.
♦ Tape la columna 1.
♦ Recuerde las palabras de la columna 1 a partir de las abreviaturas de la columna 2.
♦ Tape las columnas 1 y 2, y después las 1, 2 y 3, e intente recordar las palabras. Las abreviaturas de la columna 4 se presentan en desorden.

# ELEMENTOS DIFICULTAD ***

| 1 | 2 | 3 | 4 |
|---|---|---|---|
| ARMARIO | ARMR | ARM | PLM |
| MANTÓN | MNTN | MNT | CLZ |
| OBJETIVIDAD | OBJT | OBJ | TRL |
| GOLONDRINA | GLDR | GLD | FRG |
| CANAPÉ | CANP | CNP | ARM |
| CUERVO | CURV | CRV | MNT |
| HONESTIDAD | HNST | HNT | PTL |
| VESTIDO | VSTD | VTD | ABZ |
| DISIMULO | DSML | DSM | EST |
| ESTANTERÍA | ESTR | EST | MCD |
| AGRESIVIDAD | AGSV | AGV | DSD |
| TÓRTOLA | TRTL | TRL | VTD |
| PANTALÓN | PANT | PTL | CRV |
| DESIDIA | DESD | DSD | CNP |
| ALBORNOZ | ALBZ | ABZ | HNT |
| MECEDORA | MCDR | MCD | AGV |
| TOLERANCIA | TLRC | TLC | DSM |
| PALMA | PALM | PLM | GLD |
| CALZONCILLOS | CLZN | CLZ | TLC |
| FRIGORÍFICO | FRGF | FRG | OBJ |

Vuelva la página e intente recordar el mayor número de palabras posible.

Escriba las palabras que recuerde:

Analice sus olvidos.

*Observaciones:*

En el transcurso de este ejercicio habrá comprobado que las palabras presentadas pueden ser agrupadas en cuatro categorías semánticas:

| muebles | aves |
|---|---|
| ARMARIO | GOLONDRINA |
| CANAPÉ | TÓRTOLA |
| ESTANTERÍA | CUERVO |
| MECEDORA | PALOMA |
| FRIGORÍFICO | |

| ropa | sentimientos |
|---|---|
| MANTÓN | OBJETIVIDAD |
| VESTIDO | HONESTIDAD |
| PANTALÓN | DISIMULO |
| ALBORNOZ | AGRESIVIDAD |
| CALZONCILLOS | DESIDIA |
| | TOLERANCIA |

Pasemos ahora a otro ejercicio de organización verbal.

A partir de las abreviaturas, recuerde la palabra inicial y encuentre después otra palabra que podría responder a la misma abreviación.

Por ejemplo:

PTL = PANTALÓN y, como segunda palabra, PASTORAL.

## DIFICULTAD *

◆ Lea las veinte abreviaturas de la columna 1 de la siguiente página ☞.

◆ Recupere la palabra inicial y anótela en la columna 2.

◆ Encuentre una segunda palabra que responda a la misma abreviatura y escríbala en la columna 3.

# Elementos Dificultad *

| 1 | 2 | 3 |
|---|---|---|
| PTL | Pantalón | Pastoral |
| ARM | | |
| MNT | | |
| OBJ | | |
| GLD | | |
| CNP | | |
| CRV | | |
| HNT | | |
| VTD | | |
| DSM | | |
| EST | | |
| AGV | | |
| TRL | | |
| DSD | | |
| ABZ | | |
| MCD | | |
| TLC | | |
| PLM | | |
| CLZ | | |
| FRG | | |

Si ha superado sin problemas esta prueba, le propongo que realice el ejercicio de Dificultad ** de la siguiente página ☞.

♦ Lea las veinte abreviaturas de la columna 1.
♦ Recuerde la palabra inicial y anótela en la columna 2, y haga lo mismo en la columna 3 con otra palabra correspondiente a esa abreviatura.
♦ Encuentre una tercera palabra y escríbala en la columna 4.

Por ejemplo:

PTL = PANTALÓN, PASTORAL, PISTILO, PISTOLA, PÉTALO

# ELEMENTOS DIFICULTAD **

| 1 | 2 | 3 | 4 |
|---|---|---|---|
| PTL | | | |
| ARM | | | |
| MNT | | | |
| OBJ | | | |
| GLD | | | |
| CNP | | | |
| CRV | | | |
| HNT | | | |
| VTD | | | |
| DSM | | | |
| EST | | | |
| AGV | | | |
| TRL | | | |
| DSD | | | |
| ABZ | | | |
| MCD | | | |
| TLC | | | |
| PLM | | | |
| CLZ | | | |
| FRG | | | |

Si ha superado sin problemas esta prueba, le propongo que realice el ejercicio de Dificultad \*\*\* de la siguiente página ☞.

- ◆ Lea las veinte abreviaturas de la columna 1.
- ◆ Recuerde la palabra inicial y anótela en la columna 2; haga lo mismo en las columnas 3 y 4 con otras dos palabras que se correspondan con esa abreviatura.
- ◆ Encuentre una cuarta palabra y escríbala en la columna 5.

Por ejemplo:

PTL = PANTALÓN, PASTORAL, PISTOLA, PISTILO, PÉTALO, PASTILLA

# ELEMENTOS DIFICULTAD ***

| 1 | 2 | 3 | 4 | 5 |
|---|---|---|---|---|
| PTL | | | | |
| ARM | | | | |
| MNT | | | | |
| OBJ | | | | |
| GLD | | | | |
| CNP | | | | |
| CRV | | | | |
| HNT | | | | |
| VTD | | | | |
| DSM | | | | |
| EST | | | | |
| AGV | | | | |
| TRL | | | | |
| DSD | | | | |
| ABZ | | | | |
| MCD | | | | |
| TLC | | | | |
| PLM | | | | |
| CLZ | | | | |
| FRG | | | | |

# Principios pedagógicos

Puede optar por limitarse a hacer el ejercicio de Dificultad * durante varias horas, o incluso días, antes de pasar a los de Dificultad ** y, por último, Dificultad ***.

Se sorprenderá de comprobar que resulta bastante fácil para el cerebro memorizar un considerable número de palabras desde el momento en que esas palabras están organizadas o asociadas, de una u otra manera.

Por ello, en los mismos lapsos de tiempo podrá memorizar todas las palabras que forman parte de cada sesión de aprendizaje, lo que sin duda también le resultará sorprendente.

Recordar después de un cierto tiempo las informaciones es un ejercicio que requerirá la denominada memoria diferida. Se trata de un tipo de memoria a largo plazo. Algunos estudiosos consideran que la memoria diferida, ejercida después de una fase de consolidación bioquímica, es de mejor calidad que la memoria inmediata.

También vimos en el capítulo anterior que resulta más fácil memorizar una información tratada en un contexto que una información aislada.

Este principio pedagógico se aplica también en este ejercicio. Resulta más sencillo retener veinte palabras clasificadas en categorías que veinte palabras aisladas.

La clasificación es una estrategia de memorización. Se trata de un eficaz método de tratamiento de las informaciones.

Es lo que vamos a ver en los siguientes ejercicios.

Intente escribir en la página siguiente ☞:

◆ las veinte palabras utilizadas en los ejercicios anteriores, pero disponiéndolas en las cuatro categorías en que se clasificaron.

Un nuevo ejercicio en el que se recurre a la estrategia de clasificación.

DIFICULTAD \*

Desde la primera lectura de las palabras de la página siguiente ☞:

♦  Intente identificar las posibles categorías.[1]

1. Las soluciones se encuentran en la página 180.

NATACIÓN
CEREZA
PIANO
VERDE
POMELO
VIOLÍN
AZUL
FÚTBOL
TROMPETA
VIOLETA
ATLETISMO
HUESO
AMARILLO
CÓRNER
CASTAÑA
PENTAGRAMA
KÁRATE
CLEMENTINA
CONTRABAJO
GRIS
PULPA
NOTA
MARRÓN
ÁRBITRO

Es posible que las haya identificado todas.

En ese caso, puede proseguir con el ejercicio de Dificultad **.

## Dificultad **

Desde la primera lectura de las palabras de la siguiente página ☞:

♦   Intente identificar las posibles categorías.[1]

---

1. Las soluciones se encuentran en la página 180.

ROBLE
PALOMA
MANTÓN
CÓLERA
ALONDRA
HAYA
BUFANDA
PLACER
CHAQUETA
PLUMAJE
ANSIEDAD
ÁLAMO
ALEGRÍA
PANTALÓN
URRACA
SAUCE
CAMISA
IRA
GORRIÓN
TILO
PENA
CHALECO
NIDO
CASTAÑO

Es posible que las haya identificado todas.

En tal caso, puede pasar al ejercicio de Dificultad ***.

## DIFICULTAD \*\*\*

Desde la primera lectura de las palabras de la siguiente página ☞:

♦ Intente identificar las posibles categorías.[1]

---

1. Las soluciones se encuentran en la página 180.

CARÁCTER
MÁSCARA
VOTO
NACIMIENTO
BALZAC
BEBÉ
PARLAMENTO
SERPENTINAS
COMPLEJO
FLAUBERT
BRINDIS
ESCRUTINIO
PARTO
NEUROSIS
TOLSTÓI
REFERÉNDUM
PATUCO
KIPLING
CONFETI
DIVÁN
CARNAVAL
SENADO
HISTERIA
BIBERÓN
CERVANTES
INHIBICIÓN
BAILE
MAYORÍA
DICKENS
FÓRCEPS

*Soluciones a los ejercicios*

## DIFICULTAD *

| deporte | frutas | música | colores |
|---|---|---|---|
| NATACIÓN | CEREZA | PIANO | VERDE |
| FÚTBOL | POMELO | VIOLÍN | AZUL |
| ATLETISMO | HUESO | TROMPETA | VIOLETA |
| CÓRNER | CASTAÑA | PENTAGRAMA | AMARILLO |
| KÁRATE | CLEMENTINA | CONTRABAJO | GRIS |
| ÁRBITRO | PULPA | NOTA | MARRÓN |

## DIFICULTAD **

| sentimientos | ropa | aves | árboles |
|---|---|---|---|
| CÓLERA | MANTÓN | PALOMA | ROBLE |
| PLACER | BUFANDA | ALONDRA | HAYA |
| ANSIEDAD | CHAQUETA | PLUMAJE | ÁLAMO |
| ALEGRÍA | PANTALÓN | URRACA | SAUCE |
| IRA | CAMISA | GORRIÓN | TILO |
| PENA | CHALECO | NIDO | CASTAÑO |

## DIFICULTAD ***

| psicología | fiesta | política |
|---|---|---|
| CARÁCTER | MÁSCARA | VOTO |
| COMPLEJO | SERPENTINA | PARLAMENTO |
| NEUROSIS | BRINDIS | ESCRUTINIO |
| DIVÁN | CONFETI | REFERÉNDUM |
| HISTERIA | CARNAVAL | SENADO |
| INHIBICIÓN | BAILE | MAYORÍA |

| maternidad | novelistas |
|---|---|
| NACIMIENTO | BALZAC |
| BEBÉ | FLAUBERT |
| PARTO | TOLSTÓI |
| PATUCO | KIPLING |
| BIBERÓN | CERVANTES |
| FÓRCEPS | DICKENS |

180

## Observaciones y consejos

Todos los ejercicios que acabamos de ver responden al triple objetivo del PAC:

- **neurobiológico**, ya que el ejercicio suscita un esfuerzo de atención-concentración, lo que propicia un aumento de la actividad cerebral.
- **psicotécnico**, ya que, al practicar el ejercicio, se recurre a las estrategias aprendidas.
- **psicológico**, ya que el ejercicio nos da la oportunidad de descubrir nuestros propios recursos cognitivos, comprobar la existencia de nuestras capacidades y, a raíz de ello, aumentar la confianza y seguridad en nosotros mismos.

Después de cada ejercicio, analice sus olvidos y las posibles interferencias.

Realice todas las pruebas que crea necesarias hasta que consiga memorizar todas las palabras.

Estos ejercicios pueden resultar fáciles para unos y difíciles para otros. Se trata siempre de una cuestión de entrenamiento. Las personas que realicen habitualmente crucigramas (por ejemplo) tendrán mucha mayor facilidad que las que no practiquen nunca este tipo de ejercicios.

Pero, como ya hemos dicho, poco importa la eficacia competitiva: lo esencial para cada persona es identificar sus puntos débiles e intentar ponerles remedio.

Tanto la clasificación como la asociación de ideas son actividades intelectuales, indisociables del lenguaje y de la memoria. Cuanto mayor sea la facilidad para descubrir las relaciones entre las palabras, más fácilmente se podrán agrupar en categorías y, por tanto, aprenderlas y restituirlas. Cuanto más extenso sea el léxico (almacén de palabras), más rico será el vocabulario, mayor la soltura verbal y más fluidas la expresión oral y escrita. Pero también sabemos que cada palabra contiene una idea. En consecuencia, cuanto más rico sea el lenguaje más denso será el pensamiento.

Trataremos ahora el problema de las inextricables relaciones entre el lenguaje y el pensamiento. Aprender a expresarse es también aprender a pensar. Aprender a pensar es también aprender a expresarse. «Lo que está bien concebido se enuncia claramente y las palabras acuden con facilidad» (Boileau). Cuando se dispone de un léxico muy amplio, se puede utilizar el término exacto para designar un objeto concreto o enunciar un pensamiento específico. Por tanto, la riqueza de vocabulario y el rigor de pensamiento van a la par. Tendremos ocasión de volver sobre este punto en el capítulo dedicado al vocabulario.

Todos los ejercicios verbales presentados en este capítulo tienen como objetivo la familiarización con el concepto de codificación verbal, con la finalidad de conservar y desarrollar el léxico, favorecer la fluidez verbal y aprender a pensar con rigor y precisión. Cuanto mayor es el dominio de las palabras, mayor es la facilidad de expresión y menor el temor a los lapsus, las muletillas y las «palabras-baúl», como «cosa», «decir», «hacer»...

La fluidez verbal ayuda también a la autoconfianza y la seguridad personal. Por el contrario, en situaciones de estrés o cuando no podemos controlarnos desde un punto de vista emocional, farfullamos, tartamudeamos y no encontramos las palabras que necesitamos en el momento apropiado. Es razonable pensar que, en una situación difícil en la que no encontramos las palabras que buscamos, si disponemos de una importante reserva léxica nos resultará más fácil recurrir a un sinónimo que si nuestro vocabulario es pobre y limitado.

Todos estos ejercicios verbales tienen también como objetivo mantener y mejorar la ortografía y la sintaxis. Los ejercicios de palabra-abreviatura son muy recomendables para estos fines, ya que las abreviaturas propuestas incitan a visualizar la palabra inicial en su totalidad. También podrían contribuir eficazmente en el aprendizaje de una lengua extranjera, sobre todo en los niños: en tal caso, las palabras y sus abreviaturas podrían presentarse en inglés, francés, etc. Con este tipo de ejercicio se cumplen a la vez dos objetivos: mantener o adquirir vocabulario y aprender las estrategias de clasificación y asociación visual y verbal para reforzar la memorización.

A partir de una cierta edad, las dificultades para encontrar las palabras se acentúan. La gente mayor se queja de confundir unas palabras por otras. También es muy conocido el fenómeno de «lo tengo en la punta de la lengua». La mayoría de las veces, se recuerda la palabra un poco más tarde, cuando el ánimo se ha tranquilizado. Esto demuestra que el fenómeno se acentúa con el estrés o el cansancio. Además, es extremadamente variable de un individuo a otro. Pero, también en estos casos, cuanto más se ejerce y desarrolla la función verbal, más posibilidades se tienen de conservarla activa y eficaz en un proceso de envejecimiento normal, y, en caso de patología cerebral, se tienen más recursos para compensar los problemas.

# 2. Vocabulario
## y Pensamiento

os ejercicios de este capítulo tienen como objetivo aumentar la fluidez verbal, la riqueza y la
precisión de pensamiento en las conversaciones, redacciones, correspondencia, conferencias, discursos..., pero también en las lecturas. Cuantas más palabras se conocen, mejor es la expresión, se lee también más deprisa y se comprende con mayor facilidad.

En las siguientes páginas le propongo unas fichas
de vocabulario. Se trata de series de expresiones a memorizar. Algunas de ellas son muy corrientes, otras lo
son menos. Para determinadas personas, algunas expresiones parecerán de un estilo muy sofisticado, mientras que a otras les resultarán ordinarias. Se ha buscado
esta diversidad. Responde a la diversidad de nuestro
auditorio, de nuestros interlocutores... No nos dirigi-
mos del mismo modo a los niños, a los adultos jóvenes

o mayores, a las personas poco instruidas o a las que tienen varios títulos universitarios. Adaptamos nuestro vocabulario a las personas que nos escuchan. En cualquier caso, aun cuando pensemos que tal o cual expresión es muy complicada o sofisticada, no se puede olvidar que podemos escucharla en la radio, en la televisión, en una conversación o leerla en un libro. En ocasiones perdemos el hilo de una conversación porque nuestro interlocutor ha utilizado un término que no conocemos, de cuyo significado no estamos seguros o que interpretamos de forma incorrecta, atribuyéndole un sentido erróneo.

Los ejercicios de vocabulario nos preparan para hacer frente a este tipo de dificultades.

Estos ejercicios son modelos a partir de los cuales puede construir sus propias fichas, seleccionando las expresiones que van mejor con usted, que se corresponden con sus necesidades, sus intereses o su personalidad.

La práctica regular de esta clase de ejercicios demuestra que, al principio, se aprende la expresión tal como aparece propuesta en la ficha, pero que, al cabo de un tiempo, se puede jugar con las palabras, atribuir al sustantivo de una expresión X el adjetivo de otra expresión Y. Estos ejercicios permiten descubrir las grandes posibilidades del lenguaje, el carácter ilimitado del potencial verbal.

Entrénese memorizando unas diez expresiones por semana o por día, según sean sus motivaciones con respecto a este tipo de ejercicios o según sus necesidades. Practicados regularmente, estos ejercicios pueden prestar valiosos servicios a estudiantes, personas cuyo instrumento de trabajo sea el lenguaje (abogados, periodistas, representantes...) o cualquier persona que esté interesada en expresarse bien.

Le sugiero también que lea cada una de estas fichas por la noche al acostarse y que, por la mañana al levantarse, intente recordar las expresiones. Un sueño reparador contribuye a mejorar la memorización.

Utilice las locuciones aprendidas en sus conversaciones a lo largo del día o de la semana, y, naturalmente, en cualquier oportunidad que se le presente en lo sucesivo.

**Expresarse bien supone un gran avance.**

## EJERCICIOS

◆ Lea las diez expresiones de la siguiente página ☞.

◆ Vuelva la página y complete estas locuciones.

◆ Seguidamente, repita de memoria las diez expresiones.

◆ Encuentre expresiones sinóminas y antónimas.[1]

◆ Construya diez frases en las que aparezcan cada una de esas locuciones.

◆ Utilice todos esos términos (sustantivos, adjetivos, etc.) en sus conversaciones habituales.

1. Es decir, expresiones que signifiquen lo mismo y lo contrario.

UNA AUDAZ INICIATIVA

INFLIGIR UN MAL IRREPARABLE

COGER EL TORO POR LOS CUERNOS

COGER A CONTRAPIÉ

FLEMA BRITÁNICA

EL CÍRCULO SE CIERRA

PRONUNCIAR UNA FRASE LAPIDARIA

UN AREÓPAGO DE ARTISTAS (o de científicos)

CUESTIONES METAFÍSICAS

EVADIRSE DE LO COTIDIANO

UNA . . . . . . . . . . . . . . . . . . . . . . INICIATIVA
INFLIGIR . . . . . . . . . . . . . . . . . . . . . . . . .
COGER . . . . . . . . . . . . . . . . . . . . . . . . . . .
. . . . . . . . . . . . . A . . . . . . . . . . . . . . . . . .
. . . . . . . . . . . . . . . . . . . . . . . . . BRITÁNICA
. . . . . . . . . . . SE . . . . . . . . . . . . . . . . . . .
PRONUNCIAR . . . . . . . . . . . . . . . . . . . . .
UN . . . . . . . . . DE ARTISTAS . . . . . . . . . . . .
CUESTIONES . . . . . . . . . . . . . . . . . . . . . . . .
. . . . . . . . . . . . . DE LO . . . . . . . . . . . . . . . .

Encuentre, de memoria, diez palabras compuestas que comiencen por «contra-».

1 ........................................
2 ........................................
3 ........................................
4 ........................................
5 ........................................
6 ........................................
7 ........................................
8 ........................................
9 ........................................
10 .......................................

No vuelva la página hasta haber encontrado esas diez palabras compuestas.

# Ejemplos

1 CONTRAATAQUE
2 CONTRABAJO
3 CONTRACORRIENTE
4 CONTRACULTURAL
5 CONTRACHAPADO
6 CONTRAINDICACIÓN
7 CONTRAPESO
8 CONTRAPONER
9 CONTRARRELOJ
10 CONTRASEÑA

Encuentre otras palabras compuestas que comiencen por «contra-».

## Ejercicios

- ◆ Lea las diez expresiones de la siguiente página ☞.
- ◆ Vuelva la página y complete esas expresiones.
- ◆ A continuación, repita de memoria las diez locuciones.
- ◆ Encuentre expresiones sinóminas y antónimas.
- ◆ Construya diez frases en las que aparezcan cada una de esas locuciones.
- ◆ Utilice todos esos términos (sustantivos, adjetivos, etc.) en sus conversaciones habituales.

EN UNA PERSPECTIVA A CORTO PLAZO

UNA SALIDA FULGURANTE

INMORTALIZAR EL ACONTECIMIENTO

FULMINAR CON LA MIRADA

ANTEPONER SU CARRERA A SUS CONVICCIO-
NES

CONVERSACIONES DE PASILLO

LA COYUNTURA SOCIOECONÓMICA

A TÍTULO PÓSTUMO

UN ESTRECHO MARGEN DE MANIOBRA

QUEMAR SUS ÚLTIMOS CARTUCHOS

```
....................A CORTO .........
UNA SALIDA ...........................
...................EL ACONTECIMIENTO
...................CON LA ............
.............CARRERA ..............
..........................DE PASILLO
.............SOCIO ..................
........TÍTULO ......................
...ESTRECHO ............DE .........
......................ÚLTIMOS ........
```

# EJERCICIO

Encuentre, de memoria, diez expresiones familiares en las que aparezca la palabra «boca»:

1 .....................................
2 .....................................
3 .....................................
4 .....................................
5 .....................................
6 .....................................
7 .....................................
8 .....................................
9 .....................................
10 ....................................

No vuelva la página hasta haber escrito las diez expresiones.

## EJEMPLOS

1 ANDAR EN BOCA DE TODOS
2 POR LA BOCA MUERE EL PEZ
3 EN LA BOCA DEL LOBO
4 A PEDIR DE BOCA
5 DECIR ALGO CON LA BOCA CHICA
6 BOCA A BOCA
7 EL QUE TIENE BOCA SE EQUIVOCA
8 HABLAR POR BOCA DE
9 HACERSE LA BOCA AGUA
10 DEJAR CON LA BOCA ABIERTA

# EJERCICIOS

- ♦ Cierre el libro.
- ♦ Intente recordar las diez expresiones con la palabra «boca».
- ♦ Construya frases utilizando esas locuciones.
- ♦ Utilícelas en sus conversaciones.

## EJERCICIOS

- Lea las diez locuciones de la página siguiente ☞.
- Vuelva la página y complete esas expresiones.
- Seguidamente, repita de memoria esas diez locuciones.
- Encuentre sinónimos y antónimos.
- Elabore diez frases en las que aparezcan cada una de esas locuciones.
- Emplee todos esos términos (sustantivos, adjetivos, etc.) en sus conversaciones habituales.

LA PRÁCTICA DEMUESTRA

SER UN VALOR EN ALZA

BENEFICIARSE DE UNA COYUNTURA FAVO-
RABLE

DAR MUESTRAS DE RIGOR Y PRAGMATISMO

LA NOTICIA NO HA SIDO CONFIRMADA

ASCENDER DE CATEGORÍA

DESESTABILIZAR EL SISTEMA

UN REGRESO TRIUNFAL

EN EL TERRENO DE LO HIPOTÉTICO

CON CARÁCTER INSTITUCIONAL

LA . . . . . . . . . . . . . . . . . . . . . . DEMUESTRA
SER UN . . . . . . . . . . . . EN . . . . . . . . . . . . . . .
. . . . . . . DE UNA . . . . . . . . . . . . . . . . . . . . . . .
. . . . . . . . . . . . . DE . . . . . . . Y . . . . . . . . . . .
. . . . . . . . . . . . . NO HA SIDO . . . . . . . . . . . .
ASCENDER . . . . . . . . . . . . . . . . . . . . . . . . . . . .
. . . . . . . . . . . . . . . . EL . . . . . . . . . . . . . . . . . . .
UN REGRESO . . . . . . . . . . . . . . . . . . . . . . . . . .
EN EL . . . . . . . . . . . DE LO . . . . . . . . . . . . . . .
CON . . . . . . . . . . . . . . . . . . . . . . . . . . . . . . . . .

204

Encuentre diez palabras compuestas que comiencen con la partícula «anti-»:

1 . . . . . . . . . . . . . . . . . . . . . . . . . . . . . . . . . . . .
2 . . . . . . . . . . . . . . . . . . . . . . . . . . . . . . . . . . . .
3 . . . . . . . . . . . . . . . . . . . . . . . . . . . . . . . . . . . .
4 . . . . . . . . . . . . . . . . . . . . . . . . . . . . . . . . . . . .
5 . . . . . . . . . . . . . . . . . . . . . . . . . . . . . . . . . . . .
6 . . . . . . . . . . . . . . . . . . . . . . . . . . . . . . . . . . . .
7 . . . . . . . . . . . . . . . . . . . . . . . . . . . . . . . . . . . .
8 . . . . . . . . . . . . . . . . . . . . . . . . . . . . . . . . . . . .
9 . . . . . . . . . . . . . . . . . . . . . . . . . . . . . . . . . . . .
10 . . . . . . . . . . . . . . . . . . . . . . . . . . . . . . . . . . .

No vuelva la página hasta haber escrito esas diez palabras compuestas.

# EJEMPLOS

1 ANTICICLÓN
2 ANTICUERPO
3 ANTICRISTO
4 ANTIFAZ
5 ANTÍDOTO
6 ANTIPÁTICO
7 ANTÍTESIS
8 ANTIRRÁBICA
9 ANTÍPODAS
10 ANTICONCEPTIVO

Encuentre otras palabras compuestas que comiencen con la partícula «anti-»:

## EJERCICIOS

- Lea las diez expresiones de la página siguiente ☞.
- Vuelva la página y complete esas locuciones.
- Seguidamente, repita de memoria esas diez expresiones.
- Encuentre sinónimos y antónimos.
- Elabore diez frases en las que aparezcan cada una de esas expresiones.
- Emplee todos esos términos (sustantivos, adjetivos, etc.) en sus conversaciones habituales.

UN COMPORTAMIENTO INTACHABLE
EN CONDICIONES INFRAHUMANAS
LUCHAR A BRAZO PARTIDO
DECLINAR UNA INVITACIÓN
DE UNA GRAN LUCIDEZ INTELECTUAL
SIN CAER EN DEMAGOGIAS
UN TALANTE LIBERAL
LA LÓGICA SE IMPONE
CON NOCTURNIDAD Y ALEVOSÍA
UNA CABEZA MUY BIEN AMUEBLADA

UN COMPORTAMIENTO . . . . . . . . . . . . . . . . .

. . . . . . . . . . . . . . . . . . . . CONDICIONES . . . . .

. . . . . . . . . . . . . . A BRAZO . . . . . . . . . . . . . .

. . . . . . . . . . . . . . UNA . . . . . . . . . . . . . . . . .

. . . . . GRAN . . . . . . . . . . . . . . . . . . . . . . . . . .

SIN . . . . . . . EN . . . . . . . . . . . . . . . . . . . . . . . .

UN . . . . . . . . . . . . . . . . . . . . . . . . . . . . . . . . . .

LA . . . . . . . . . . . SE . . . . . . . . . . . . . . . . . . . .

CON . . . . . . . . . . . Y . . . . . . . . . . . . . . . . . . . .

UNA . . . . . . . . . . . MUY BIEN . . . . . . . . . . . .

## EJERCICIO

Encuentre, de memoria, diez expresiones familiares en las que aparezca la palabra «cuerpo»:

1 ......................................
2 ......................................
3 ......................................
4 ......................................
5 ......................................
6 ......................................
7 ......................................
8 ......................................
9 ......................................
10 .....................................

No vuelva la página hasta haber escrito las diez expresiones.

## EJEMPLOS

1  DARSE EN CUERPO Y ALMA
2  TENER EL MIEDO EN EL CUERPO
3  A CUERPO DE REY
4  SACAR UN CUERPO DE VENTAJA
5  EL CUERPO DE BOMBEROS
6  CUERPO A CUERPO
7  ME LO PIDE EL CUERPO
8  TENER UN BUEN CUERPO
9  MISA DE CUERPO PRESENTE
10  NO TENER CUERPO

## Ejercicios

- Cierre el libro.
- Intente recordar las diez expresiones con la palabra «cuerpo».
- Construya frases utilizando esas locuciones.
- Utilícelas en sus conversaciones.

# EJERCICIOS

♦ Lea las diez expresiones de la página siguiente ☞.
♦ Vuelva la página y complete esas expresiones.
♦ A continuación, repita de memoria esas diez locuciones.
♦ Encuentre expresiones sinónimas y antónimas.
♦ Elabore diez frases en las que aparezcan cada una de esas locuciones.
♦ Utilice todos esos términos (sustantivos, adjetivos, etc.) en sus conversaciones habituales.

UNA SITUACIÓN COMPLEJA

UN ÉXITO ARROLLADOR

POSEER VIRTUDES CURATIVAS

ERIGIRSE EN PORTAVOZ DE

ENCUMBRADO POR LA CRÍTICA ESPECIALI-
ZADA

ESTAR EN CAMINO DE CONVERTIRSE EN UN
CLÁSICO

UNA FEROZ OPOSICIÓN

SER OBJETO DE CONTROVERSIA

CONJUGAR ESTÉTICA Y FUNCIONALIDAD

EN CÍRCULOS ENTENDIDOS

```
UNA SITUACIÓN . . . . . . . . . . . . . . . . . . . . . . . .
UN ÉXITO . . . . . . . . . . . . . . . . . . . . . . . . . . . . . .
. . . . . . . . . . . . . . . VIRTUDES . . . . . . . . . . . . . ,
ERIGIRSE EN . . . . . . . . . . . . . . . . . . . . . . . . . DE
. . . . . . . . . . . . . . . POR LA . . . . . . . . . . . . . . .
ESTAR EN . . . . . . . DE . . . . . . . . . . . . . . . . . . .
UNA FEROZ . . . . . . . . . . . . . . . . . . . . . . . . . . . .
SER . . . . . . . . . . . . DE . . . . . . . . . . . . . . . . . . . .
CONJUGAR . . . . . . Y . . . . . . . . . . . . . . . . . . . . .
EN . . . . . . . . . . . . . . . . . . . . . . . . . . . . . . . . . . . .
```

Encuentre diez palabras compuestas que comiencen por el prefijo «sub-»:

1 .....................................
2 .....................................
3 .....................................
4 .....................................
5 .....................................
6 .....................................
7 .....................................
8 .....................................
9 .....................................
10 ....................................

No vuelva la página hasta haber escrito las diez palabras compuestas.

# Ejemplos

1 SUBMARINO
2 SUBDESARROLLADO
3 SUBTENIENTE
4 SUBTERFUGIO
5 SUBACUÁTICO
6 SUBCONSCIENTE
7 SUBJETIVO
8 SUBTERRÁNEO
9 SUBNORMAL
10 SUBLIMINAL

Encuentre otras palabras compuestas que empiecen con el prefijo «sub-»:

♦ Lea las diez expresiones de la página siguiente ☞.

♦ Vuelva la página y complete esas locuciones.

♦ Seguidamente, repita de memoria esas diez expresiones.

♦ Encuentre locuciones sinónimas y antónimas.

♦ Construya diez frases en las que aparezcan cada una de esas expresiones.

♦ Emplee todos esos términos (sustantivos, adjetivos, etc.) en sus conversaciones habituales.

UNA ESPIRAL DE VIOLENCIA

EN VIRTUD DE LAS ATRIBUCIONES PROPIAS
DE SU CARGO

UN ESPECTÁCULO DANTESCO

CON DISTINTA FORTUNA

LOS CONOCIMIENTOS ACTUALES EN LA MA-
TERIA

UNA VICTORIA APLASTANTE

EN EL MARCO DE LA MÁS ESTRICTA LEGALI-
DAD

SER COLA DE LEÓN

SER UN DECHADO DE VIRTUDES

SENTAR LAS BASES DE

UNA . . . . . . . . . . . . . DE . . . . . . . . . . . . . . . . .
EN . . . . . . . DE LAS . . . . . . . . . . . . . . . . . . . .
UN ESPECTÁCULO . . . . . . . . . . . . . . . . . . . . .
CON . . . . . . . . . . . . . . . . . . . . . . . . . . . . . . . . . .
LOS . . . . . . . . ACTUALES EN LA . . . . . . . . . .
UNA VICTORIA . . . . . . . . . . . . . . . . . . . . . . . . .
EN EL . . . . . . DE LA MÁS . . . . . . . . . . . . . . .
SER . . . . . . . . DE . . . . . . . . . . . . . . . . . . . . . .
SER UN . . . . . . . . . DE . . . . . . . . . . . . . . . . . .
. . . . . . . . . . . . . . . LAS . . . . . . . . . . . . . . . DE

222

## EJERCICIO

Encuentre, de memoria, diez expresiones familiares en las que aparezca la palabra «gusto».

1 ......................................
2 ......................................
3 ......................................
4 ......................................
5 ......................................
6 ......................................
7 ......................................
8 ......................................
9 ......................................
10 .....................................

No vuelva la página hasta haber escrito esas diez expresiones.

# Ejemplos

1 ESTAR A GUSTO
2 HAY GUSTOS PARA TODO
3 DARSE EL GUSTO
4 A GUSTO DE TODOS
5 EL GUSTO ES MÍO
6 TENER BUEN GUSTO
7 SOBRE GUSTOS NO HAY NADA ESCRITO
8 PARA GUSTOS, COLORES
9 NO HAY GUSTO SIN DISGUSTO
10 EN LA VARIEDAD ESTÁ EL GUSTO

# EJERCICIOS

- ◆ Cierre el libro.
- ◆ Recuerde esas diez expresiones en las que aparece la palabra «gusto».
- ◆ Construya diez frases utilizando esas locuciones.
- ◆ Utilícelas en sus conversaciones habituales.

## EJERCICIOS

◆ Lea las diez expresiones de la página siguiente ☞.

◆ Vuelva la página y complete esas locuciones.

◆ Seguidamente, repita de memoria esas diez expresiones.

◆ Encuentre expresiones sinónimas y antónimas.

◆ Construya diez frases en las que aparezcan cada una de esas locuciones.

◆ Emplee todos esos términos (sustantivos, adjetivos, etc.) en sus conversaciones habituales.

ESTAR EN EL OJO DEL HURACÁN
NO EXENTO DE INTERÉS
UN COMPROMISO INELUDIBLE
DEJAR UN RASTRO INDELEBLE
UNA CONDUCTA INCLASIFICABLE
TRAER A COLACIÓN
FOMENTAR LA CREATIVIDAD
EN CONTRA DE LO QUE SE PUDIERA CREER
UNA VICTORIA PÍRRICA
CON CARÁCTER RETROACTIVO

ESTAR EN EL ...... DEL ..............
NO ..............DE ..............
UN .............................
DEJAR ............................
UNA CONDUCTA ......................
..............A....................
..............LA...................
EN ..............DE LO QUE ........
UNA .............................
....CARÁCTER ......................

Encuentre diez palabras compuestas que comiencen por la partícula «para-»:

1 .....................................
2 .....................................
3 .....................................
4 .....................................
5 .....................................
6 .....................................
7 .....................................
8 .....................................
9 .....................................
10 ....................................

No vuelva la página hasta haber escrito esas diez palabras.

# EJEMPLOS

1 PARABIÉN
2 PARASOL
3 PARABRISAS
4 PARACAÍDAS
5 PARACHOQUES
6 PARAGUAS
7 PARAMILITAR
8 PARANORMAL
9 PARANOIA
10 PARARRAYOS

Encuentre otras palabras compuestas que comiencen con la partícula «para-»:

# EJERCICIOS

◆ Lea las diez locuciones de la página siguiente ☞.

◆ Vuelva la página y complete esas expresiones.

◆ Seguidamente, repita de memoria esas diez locuciones.

◆ Encuentre expresiones sinónimas y antónimas.

◆ Construya diez frases en las que aparezcan cada una de esas locuciones.

◆ Emplee todos esos términos (sustantivos, adjetivos, etc.) en sus conversaciones habituales.

UN ROSTRO MARCADO POR LA EDAD
COMETER UN ERROR DE PRINCIPIANTE
EVITAR POLÉMICAS ESTÉRILES
SOPESAR LOS PROS Y LOS CONTRAS
JUGAR AL APRENDIZ DE BRUJO
CON UNA LÓGICA CARTESIANA
DE MODO SIBILINO
DIRIMIR SUS DIFERENCIAS
UNA FÉRREA DISCIPLINA
HACER OSTENTACIÓN DE

UN . . . . . . . . . . . . . . . . . . . . POR LA . . . . . .

COMETER . . . . . . . . . . . . . . . . . . . . . . . . . . .

EVITAR . . . . . . . . . . . . . . . . . . . . . . . . . . . . . .

. . . . . . . . . . LOS . . . . . . . Y LOS . . . . . . . . . .

JUGAR AL . . . . . . . . . . . . . DE . . . . . . . . . . . .

CON UNA . . . . . . . . . . . . . . . . . . . . . . . . . . . . .

DE . . . . . . . . . . . . . . . . . . . . . . . . . . . . . . . . .

. . . . . . . . . . . . . . SUS . . . . . . . . . . . . . . . . . .

UNA . . . . . . . . . . . . . . . . . . . . . . . . . . . . . . . .

HACER . . . . . . . . . . . . . . . . . . . . . . . . . . . . DE

## EJERCICIO

Encuentre, de memoria, diez expresiones familiares en las que aparezca la palabra «mano»:

1 ....................................
2 ....................................
3 ....................................
4 ....................................
5 ....................................
6 ....................................
7 ....................................
8 ....................................
9 ....................................
10 ...................................

No vuelva la página hasta haber escrito esas diez locuciones.

# EJEMPLOS

1 DARSE LA MANO
2 ATADO DE PIES Y MANOS
3 TENER A MANO
4 ESTAR MANO SOBRE MANO
5 SER LA MANO DERECHA DE
6 CON LAS MANOS EN LA MASA
7 TRAER ENTRE MANOS
8 LLEVARSE LAS MANOS A LA CABEZA
9 TENER MANO IZQUIERDA
10 DE LA MANO DE DIOS

# EJERCICIOS

- ♦ Cierre el libro.
- ♦ Recuerde esas diez expresiones en las que aparece la palabra «mano».
- ♦ Construya diez frases utilizando esas locuciones.
- ♦ Utilícelas en sus conversaciones habituales.

# EJERCICIOS

♦ Lea las diez locuciones de la página siguiente ☞.

♦ Vuelva la página y complete esas expresiones.

♦ A continuación, repita de memoria esas diez locuciones.

♦ Encuentre expresiones sinónimas y antónimas.

♦ Construya diez frases en las que aparezcan cada una de esas locuciones.

♦ Emplee todos esos términos (sustantivos, adjetivos, etc.) en sus conversaciones habituales.

OBTENER RESULTADOS ALENTADORES

PERDERSE EN DISCUSIONES BIZANTINAS

SER UÑA Y CARNE

IMPARTIR CLASES MAGISTRALES

UN ENCANTO ARREBATADOR

SEGÚN FUENTES BIEN INFORMADAS

DE UN GUSTO DUDOSO

DESESTIMAR UNA PROPUESTA

ASAETEAR A PREGUNTAS

IMPRIMIR UN NUEVO RUMBO A

OBTENER . . . . . . . . . . . . . . . . . . . . . . .
PERDERSE EN . . . . . . . . . . . . . . . . . . . . .
SER . . . . . . . . . . . . . . Y . . . . . . . . . . . . .
. . . . . . . . . . . CLASES . . . . . . . . . . . . . .
UN . . . . . . . . . . . . . . . . . . . . . . . . . . . . . .
SEGÚN . . . . . . . . . . . BIEN . . . . . . . . . . . .
DE UN . . . . . . . . . . . . . . . . . . . . . . . . . . . .
. . . . . . . . . . . . . . . . UNA . . . . . . . . . . . . .
. . . . . . . . . . . . . . . . . A . . . . . . . . . . . . . .
. . . . . . . . . . . UN NUEVO . . . . . . . . . . . A

## EJERCICIO

Encuentre diez palabras compuestas que comiencen por la partícula «pre-»:

1 .....................................
2 .....................................
3 .....................................
4 .....................................
5 .....................................
6 .....................................
7 .....................................
8 .....................................
9 .....................................
10 ....................................

No vuelva la página hasta haber escrito esas diez locuciones.

# Ejemplos

1  PREMATRIMONIAL
2  PREFIJO
3  PREMATURO
4  PREDICCIÓN
5  PREDESTINADO
6  PREJUICIO
7  PREESTABLECIDO
8  PREESTRENO
9  PREOCUPADO
10  PREVISIÓN

# EJERCICIO

Encuentre otras palabras compuestas que empiecen con la partícula «pre-»:

## EJERCICIOS

♦ Lea las diez locuciones de la página siguiente ☞.

♦ Vuelva la página y complete esas expresiones.

♦ Seguidamente, repita de memoria esas diez locuciones.

♦ Encuentre expresiones sinónimas y antónimas.

♦ Construya diez frases en las que aparezcan cada una de esas locuciones.

♦ Emplee todos esos términos (sustantivos, adjetivos, etc.) en sus conversaciones habituales.

LLEVAR A SUS ÚLTIMAS CONSECUENCIAS
UNA INFRACCIÓN DEL ORDEN PÚBLICO
CON UNA NATURALIDAD PASMOSA
FUSTIGAR CON SU INDIFERENCIA
REÍR A MANDÍBULA BATIENTE
ABSTENERSE DE HACER COMENTARIOS
CONTRAVENIR LA VOLUNTAD DE
AL LÍMITE DE SUS POSIBILIDADES
DE SOLVENCIA CONTRASTADA
PONER POR LAS NUBES

```
. . . . . . . . A SUS . . . . . . . . . . . . . . . . . . . . .
UNA . . . . . . . . . . . . . DEL . . . . . . . . . . . . . .
CON UNA . . . . . . . . . . . . . . . . . . . . . . . . . . . .
. . . . . . . . . . . . . CON SU . . . . . . . . . . . . . . .
REÍR . . . . . . . . . . . . . . . . . . . . . . . . . . . . . . .
. . . . . . . . . . . . . . . DE HACER . . . . . . . . . . . .
. . . . . . . . . . . . . LA . . . . . . . . . . . . . . . . . DE
AL . . . . . . . . . DE SUS . . . . . . . . . . . . . . . . . .
DE . . . . . . . . . . . . . . . . . . . . . . . . . . . . . . . . .
. . . . . . . . . . POR LAS . . . . . . . . . . . . . . . . . .
```

246

## EJERCICIO

Encuentre, de memoria, diez expresiones familiares en las que aparezca la palabra «cuenta»:

1 . . . . . . . . . . . . . . . . . . . . . . . . . . . . . . . . . . .
2 . . . . . . . . . . . . . . . . . . . . . . . . . . . . . . . . . . .
3 . . . . . . . . . . . . . . . . . . . . . . . . . . . . . . . . . . .
4 . . . . . . . . . . . . . . . . . . . . . . . . . . . . . . . . . . .
5 . . . . . . . . . . . . . . . . . . . . . . . . . . . . . . . . . . .
6 . . . . . . . . . . . . . . . . . . . . . . . . . . . . . . . . . . .
7 . . . . . . . . . . . . . . . . . . . . . . . . . . . . . . . . . . .
8 . . . . . . . . . . . . . . . . . . . . . . . . . . . . . . . . . . .
9 . . . . . . . . . . . . . . . . . . . . . . . . . . . . . . . . . . .
10 . . . . . . . . . . . . . . . . . . . . . . . . . . . . . . . . . .

No vuelva la página hasta haber encontrado esas diez expresiones.

# EJEMPLOS

1  A FIN DE CUENTAS
2  DARSE CUENTA DE
3  BORRÓN Y CUENTA NUEVA
4  PAGAR ALGO A CUENTA
5  NO QUERER CUENTAS CON NADIE
6  TENER EN CUENTA
7  HACER LA CUENTA DE LA VIEJA
8  CAER EN LA CUENTA DE
9  SALIR DE CUENTAS
10  AJUSTAR LAS CUENTAS A ALGUIEN

# EJERCICIOS

- ◆ Cierre el libro.
- ◆ Recuerde esas diez expresiones en las que aparece la palabra «cuenta».
- ◆ Construya diez frases utilizando esas locuciones.
- ◆ Utilícelas en sus conversaciones habituales.

# Ejercicios

♦ Lea las diez locuciones de la página siguiente ☞.
♦ Vuelva la página y complete esas expresiones.
♦ Seguidamente, repita de memoria esas diez locuciones.
♦ Encuentre expresiones sinónimas y antónimas.
♦ Construya diez frases en las que aparezcan cada una de esas locuciones.
♦ Emplee todos esos términos (sustantivos, adjetivos, etc.) en sus conversaciones habituales.

SER CABEZA DE CARTEL

ENTERRAR EL HACHA DE GUERRA

PERDER LA VIDA EN EL EMPEÑO

UN ARMA DE DOBLE FILO

CIRCUNSTANCIAS ATENUANTES

SER UN LÍDER CARISMÁTICO

UNA FÉRTIL IMAGINACIÓN

EN IGUALDAD DE CONDICIONES

APOSTAR CLARAMENTE POR

LAS POLÉMICAS DECLARACIONES DE

SER . . . . . . . . . . . . . . . DE . . . . . . . . . . . . . . . .
. . . . . . . . . . . . . . . . . EL . . . . . . . . DE . . . . . . . .
PERDER . . . . . . . . . . EN EL . . . . . . . . . . . . .
UN . . . . . . . . DE . . . . . . . . . . . . . . . . . . . . . .
CIRCUNSTANCIAS . . . . . . . . . . . . . . . . . . . . .
SER UN . . . . . . . . . . . . . . . . . . . . . . . . . . . . .
UNA . . . . . . . . . . . . . . . . . . . . . . . . . . . . . . . . .
EN . . . . . . . . . . . . . DE . . . . . . . . . . . . . . . . .
. . . . . . . . . . . . . . . . . . . . CLARAMENTE . . . .
LAS . . . . . . . . . . . . . . . . . . . . . . . . . . . . DE

Encuentre diez palabras compuestas que comiencen por la partícula «trans-»:

1 ........................................
2 ........................................
3 ........................................
4 ........................................
5 ........................................
6 ........................................
7 ........................................
8 ........................................
9 ........................................
10 .......................................

No vuelva la página hasta haber escrito las diez palabras.

# Ejemplos

1. TRANSOCEÁNICO
2. TRANSPORTE
3. TRANSATLÁNTICO
4. TRANSICIÓN
5. TRANSLÚCIDO
6. TRANSVERSAL
7. TRANSFUSIÓN
8. TRANSEXUAL
9. TRANSFORMAR
10. TRANSBORDO

Encuentre otras diez palabras que comiencen con el prefijo «trans-»:

# 3. MEMORIZACIÓN
## DE NOMBRES PROPIOS

En la vida cotidiana nos quejamos con frecuencia de no recordar los nombres propios de actores, artistas, políticos..., aunque nos resulten perfectamente conocidos.

Este fenómeno se debe al hecho de que la memoria de los nombres propios es bastante vulnerable. De hecho, éstos no se relacionan espontáneamente con nada, muchas veces son abstractos o están constituidos por una o varias sílabas que no nos resultan familiares o cuya unión, por lo general, no nos evoca nada concreto. Además, los nombres propios no suelen tener un significado fácilmente identificable al que la memoria podría aferrarse.

Por tanto, para facilitar la memorización de los nombres propios conviene darles un sentido, asignarles una imagen. Cuando son muy abstractos, hay que «colgarles» representaciones concretas.

**Por regla general, la transformación de lo abstracto en concreto facilita la memorización.**

**La estrategia que facilita la retención de los nombres propios consiste en asignar a los nombres imágenes mentales visuales y verbales.**

En términos prácticos, esta estrategia consiste, en primer lugar, en escoger un rasgo del rostro de la persona cuyo nombre se desea memorizar. Por ejemplo, nos pueden llamar la atención sus ojos, su nariz, sus orejas, sus cabellos...

En una segunda fase, a este rasgo facial hay que asignar una imagen, establecer una asociación de ideas o realizar una codificación verbal, fonética o de cualquier otro tipo. A veces decimos: «No me acuerdo muy bien del nombre, pero sé que termina en "-ero" o que, fonéticamente, suena de tal o cual modo.» Lo esencial es tratar la información: «El nombre de mi dentista o de mi nuevo compañero de trabajo es...»

Podríamos escoger otro elemento que no fuese un rasgo facial. Por ejemplo, podría llamarnos la atención la corpulencia de esa persona, sus andares, su aspecto, su *look*... Podríamos sentirnos atraídos por un rasgo de su carácter. Una persona que acabamos de conocer puede sugerirnos amabilidad, bondad, tristeza, agresividad, dulzura... O también puede recordarnos a otras personas, por su parecido o sus diferencias en relación al color del cabello, su estatura, su peso o su personalidad. En consecuencia, y como hemos dicho anteriormente, *siempre* es posible establecer una asociación de ideas, imágenes o palabras.

Intente a partir de ahora, y de forma habitual, poner en práctica estas sugerencias.

Los ejercicios propuestos a continuación le invitan a aplicar estrategias de asociación visual y verbal.

Se trata de series que, al mismo tiempo que sirven como repaso, le incitan a fabricar representaciones concretas a partir de informaciones abstractas.

Entrénese para fijar las imágenes en su mente, asociando el nombre y la fisonomía de la persona a partir de, por ejemplo, un detalle que le haya llamado la atención o a partir de la fonética de las palabras, etc. Active su imaginación.

Observe que:

La memorización de nombres y apellidos, al igual que los nombres de ciudades, monedas extranjeras, monumentos históricos, vinos y quesos..., depende en gran parte del interés personal y de la repetición. No se retendrá el nombre de la capital de Namibia (Windhoek) si no se tiene una razón específica para ello, como haber vivido mucho tiempo en esa ciudad o país, u oír su nombre frecuentemente en la radio, la televisión o los medios de comunicación en general, por razones de actualidad económica, política o social de ese país.

Como hemos visto, una información que no es útil no es repetida y, por tanto, cae fácilmente en el olvido.

En consecuencia, sea cual sea la pertinencia del tratamiento efectuado sobre las informaciones abstractas –en este caso, los nombres propios–, no es sorprendente constatar que el grado de efectividad varíe en función de la frecuencia de las repeticiones y de la intensidad del interés personal.

Este principio es perfectamente válido para la memoria en general, pero es especialmente indicado en el caso de la memorización de elementos de gran dificultad como las nociones abstractas.

## DIFICULTAD *

♦ Observe bien las dos caras que aparecen en la página siguiente ☞, así como la pequeña ficha que acompaña a cada personaje.

♦ Después, pase a la página siguiente.

ROBLES (Elvira)
35 años
Peluquera

CARMONA (Leocadio)
52 años
Contable

Rellene de memoria las fichas correspondientes a esas dos personas:

Apellido:
Nombre:
Edad:
Profesión:

Apellido:
Nombre:
Edad:
Profesión:

Es muy posible que haya completado los recuadros sin ninguna dificultad.

En ese caso puede pasar al ejercicio de Dificultad **, siguiendo las mismas pautas.

ALCÁNTARA (Jesús)
62 años
Pintor

ROMÁN (Concepción)
40 años
Enfermera

MORAL (Purificación)
65 años
Modista

BOSCH (Salvador)
35 años
Representante

Complete de memoria las fichas correspondientes a las cuatro personas de la página anterior:

Apellido:
Nombre:
Edad:
Profesión:

Apellido:
Nombre:
Edad:
Profesión:

Apellido:
Nombre:
Edad:
Profesión:

Apellido:
Nombre:
Edad:
Profesión:

Es muy posible que haya rellenado los cuatro cuadros sin dificultad.

En ese caso, puede pasar al ejercicio de Dificultad ***, siguiendo las mismas pautas.

CASTILLEJOS (Laura)
19 años
Estudiante
Nacida en Salamanca
Licenciada en letras
Deporte: atletismo
Soltera

DEL POZO (Carlos)
53 años
General de brigada
Nacido en Calatayud
Condecorado en la guerra
Deporte: equitación
Padre de tres niños

MOLINERO (Pedro)
22 años
Músico de jazz
Nacido en Madrid
Actualmente en paro
Deporte: ninguno
Soltero

AGUIRRE (Antonia)
32 años
Abogada
Nacida en Badajoz
Ejerce en los juzgados
Deporte: golf
Divorciada

## EJERCICIO DIFICULTAD ***

Complete de memoria las fichas correspondientes a estas cuatro personas:

Apellido:
Nombre:
Edad:
Profesión:
Lugar de nacimiento:

Deporte:
Situación familiar:

Apellido:
Nombre:
Edad:
Profesión:
Lugar de nacimiento:

Deporte:
Situación familiar:

Apellido:
Nombre:
Edad:
Profesión:
Lugar de nacimiento:

Deporte:
Situación familiar:

Apellido:
Nombre:
Edad:
Profesión:
Lugar de nacimiento:

Deporte:
Situación familiar:

# EJERCICIOS DIVERSOS[1]

¿Puede recordar la marca que utiliza habitualmente de estos objetos de uso cotidiano?

| | |
|---|---|
| gel de baño | pan de molde |
| dentífrico | estropajo |
| café | té |
| detergente | colonia |
| champú | aceite |
| vino de mesa | agua mineral |

¿Y la marca de estos electrodomésticos?

| | |
|---|---|
| lavadora | estufa |
| televisor | aparato de música |
| plancha | máquina de coser |
| frigorífico | cocina |

1. ¿Cuáles son las monedas de estos países?

| | |
|---|---|
| Francia | Japón |
| Italia | Estados Unidos |
| Gran Bretaña | Rusia |
| Alemania | Suecia |
| Bélgica | Austria |
| India | Polonia |

1. Respuestas en las páginas 277 a 286.

2. ¿Puede citar los nombres de cinco grandes almacenes o grandes superficies?

3. ¿Qué ilustres personajes figuran en los siguientes billetes de banco?

| | |
|---|---|
| 1.000 pesetas | 5.000 pesetas |
| 2.000 pesetas | 10.000 pesetas |

4. ¿De qué países son capital estas ciudades?

| | |
|---|---|
| Berlín | Atenas |
| Nairobi | Addis Abeba |
| Damasco | Roma |
| Viena | Oslo |
| Ankara | Budapest |
| Beirut | Ottawa |
| Lisboa | Canberra |
| Pekín | Varsovia |
| Bagdad | Wellington |
| Libreville | Bamako |
| Nueva Delhi | Bucarest |
| Teherán | Sofía |
| La Paz | Jerusalén |
| Katmandú | Lima |

¿Puede citar la marca de estos vehículos?

- ◆ de los miembros de su familia:
- ◆ de conocidos y amigos (vecinos, colegas del trabajo, etc.):

5. Cite algunos platos o productos típicos de las siguientes países y comunidades autónomas:

Italia
Reino Unido
China
Cataluña
Andalucía

6. ¿Cuáles son los quince países que forman parte de la Comunidad Económica Europea?

7. ¿Puede citar los nombres de seis célebres presentadores o periodistas de televisión, pasados o presentes?

8. ¿Puede recordar tres acontecimientos que marcaron la actualidad internacional en el año 1989?

♦ Proponga una marca (o varias) para cada uno de estos elementos:

cámara fotográfica    refrescos de cola
platos congelados    ordenadores
cerveza    arroz
mostaza    zapatos
pilas    compañías aéreas
agencias de viajes    leche

9. ¿En qué disciplina han brillado con gran intensidad los siguientes deportistas?

Severiano Ballesteros
Fermín Cacho
Arantxa Sánchez Vicario
Paquito Fernández Ochoa
Miguel Induráin
Emilio Butragueño
Martín López Zubero
Theresa Zabell
Joaquín Blume

10. Cite las razas que recuerde de:

♦ perros
♦ gatos
♦ caballos

11. ¿De qué países son (o han sido) jefes de Estado o gobierno los siguientes personajes?

| | |
|---|---|
| Richard Nixon | Golda Meir |
| Indira Gandhi | Benazir Butho |
| Saddam Hussein | Antonio de Salazar |
| François Mitterrand | Raúl Alfonsín |
| Leónidas Breznev | Muammar el Gaddafi |

12. Cite cinco grandes diseñadores españoles:

13. Cite los nombres de tres premios Nobel de literatura en lengua española:

14. ¿Puede recordar tres películas en las que hayan actuado los siguientes actores y actrices?

Fernando Fernán Gómez
Marilyn Monroe
Carmen Maura

Marlon Brando
Katharine Hepburn
Victoria Abril
Federico Luppi

15. ¿Qué significan estas siglas?

| | | | |
|---|---|---|---|
| OTAN | RENFE | APA | VIP |
| BBV | IVAM | BNG | ESO |
| PYME | CCOO | ONU | FMI |
| INEM | OPEP | RTVE | SIDA |
| OPA | UGT | UVI | PNV |
| ONCE | CEE | RNE | DNI |

16. ¿Puede citar cinco grandes diarios de ámbito nacional? ¿Y cinco semanarios?

17. ¿Quiénes son los autores de las siguientes obras maestras (literatura, teatro, pintura, música)?

*Lo que el viento se llevó*
*Hamlet*
*La Odisea*
*David Copperfield*
*Las meninas*
*Oda a la Alegría*

*Madame Bovary*
*Fortunata y Jacinta*
*Bolero*
*Noches en los jardines de España*
*Rojo y negro*
*La colmena*
*La Divina Comedia*
*El avaro*
*La Gioconda*
*Los fusilamientos del 3 de mayo*
*La vida es sueño*
*Las cuatro estaciones*
*Las señoritas de Avignon*
*Ulises*
*La Traviata*
*Novelas ejemplares*
*Guerra y paz*
*El árbol de la ciencia*
*Los girasoles*

18. ¿A quién (o a qué) se aplican estos sobre-nombres y expresiones)

El rey de la rumba catalana
Limpia, fija y da esplendor

El mago del suspense
La isla de la calma
El caballero de la triste figura
La caja tonta
La dama de hierro
La ciudad luz
El pequeño ruiseñor
El manco de Lepanto
La reina de la salsa
La piel de toro
El fénix de los ingenios
El rey del rock
La gran manzana
La voz
Las islas afortunadas
El mejor alcalde de Madrid
El hijo del viento
La ciudad eterna

19. ¿Puede citar dos célebres músicos o cantantes de jazz?

# RESPUESTAS

1. Las monedas de los diversos países son:

Francia: franco  
Italia: lira  
Reino Unido: libra  
Alemania: marco alemán  
Bélgica: franco belga  
India: rupia  

Japón: yen  
Estados Unidos: dólar  
Rusia: rublo  
Suecia: corona  
Polonia: zloty  
Austria: schilling  

2. Algunos grandes almacenes y grandes superficies:

El Corte Inglés  
Alcampo  

Continente  
Toys'r'us  

Pryca  
Decathlon  

3. Los personajes que figuran en los billetes de banco son:

1.000 pesetas: Hernán Cortés y Francisco Pizarro  
2.000 pesetas: José Celestino Mutis  
5.000 pesetas: Cristóbal Colón y los Reyes Católicos  
10.000 pesetas: Juan Carlos I y Felipe de Borbón

4. Capitales de países:

Alemania: Berlín
Siria: Damasco
Turquía: Ankara
Portugal: Lisboa
Irak: Bagdad
India: Nueva Delhi
Bolivia: La Paz
Grecia: Atenas
Italia: Roma
Hungría: Budapest
Australia: Canberra
Nueva Zelanda: Wellington
Rumanía: Bucarest
Israel: Jerusalén

Kenia: Nairobi
Austria: Viena
Libia: Beirut
China: Pekín
Gabón: Libreville
Irán: Teherán
Nepal: Katmandú
Etiopía: Addis Abeba
Noruega: Oslo
Canadá: Ottawa
Polonia: Varsovia
Mali: Bamako
Bulgaria: Sofía
Perú: Lima

5. Algunos platos y productos típicos de las siguientes autonomías:

Italia: pizza, canelones, lasaña, pasta en general...
Reino Unido: *plumcake*, *pudding*, *rostbeaf*...
China: sopas de aleta de tiburón y nido de golondrina, chop suey, arroz tres delicias...
Cataluña: pan con tomate, butifarra con *mongetes*, escalivada, esqueixada, crema catalana...
Andalucía: gazpacho, ajoblanco, *pescaíto* frito, mantecados...

7. Algunos ejemplos de célebres periodistas o presentadores de televisión, pasados o presentes:

Jesús Hermida, Lalo Azcona, José María Iñigo, José Luis Balbín, Marisa Medina, Julia Otero, Kiko Ledgard, Mariano Medina, Pedro Piqueras, Olga Viza, Ángel Casas, José Luis Uribarri, Rosa María Mateo, Constantino Romero, Elisenda Roca, Matías Prats

8. Algunos sucesos que marcaron la actualidad internacional en 1989:

Caída del muro de Berlín.
El petrolero *Exxon-Valdez* embarranca en Alaska y provoca una gigantesca marea negra.
Muerte del emperador japonés Hiro-Hito, del ayatolá Jomeini, de Herbert von Karajan, Salvador Dalí, Georges Simenon y Samuel Beckett.
Desembarco americano en Panamá.
Muerte del matrimonio Ceaucescu.
Revuelta de los estudiantes en la plaza Tiananmen de Pekín, reprimida por los tanques.
Celebración del bicentenario de la Revolución Francesa.

9. Deportistas célebres y sus disciplinas:

Severiano Ballesteros: golf
Fermín Cacho: atletismo
Arantxa Sánchez Vicario: tenis
Paquito Fernández Ochoa: esquí
Miguel Induráin: ciclismo
Emilio Butragueño: fútbol
Martín López Zubero: natación
Theresa Zabell: vela
Joaquín Blume: atletismo

10. Razas de animales:

♦ de perros: pequinés, pastor alemán, caniche, cocker, pastor de los Pirineos, doberman, alsaciano, boxer, chow-chow, setter irlandés
♦ de gatos: europeo, siamés, de angora, persa
♦ de caballos: árabe, frisón, belga, normando, bretón, percherón, andaluz, póney

11. Estos personajes son (o han sido) jefes de Estado o de gobierno de los siguientes países:

Richard Nixon: Estados Unidos
Indira Gandhi: India
Saddam Hussein: Irak

François Mitterrand: Francia
Leonidas Breznev: Unión Soviética
Golda Meir: Israel
Benazir Butho: Pakistán
Antonio de Salazar: Portugal
Raúl Alfonsín: Argentina
Muammar el Gaddafi: Libia

12. Algunos grandes diseñadores españoles:

Jesús del Pozo, Victorio y Luchino, Sybilla, Adolfo Domínguez, Toni Miró, Montesinos, Ágata Ruiz de la Prada...

13. Entre los premios Nobel de literatura en lengua española se deben citar:

Jacinto Benavente (1922), Vicente Aleixandre (1977), Gabriel García Márquez (1982), Camilo José Cela (1989), Octavio Paz (1990)

14. Algunas de las películas en las que ha actuado:

♦ Fernando Fernán Gómez: *La venganza de don Mendo*, *Reina zanahoria*, *El viaje a ninguna parte*, *Belle epoque*, *Siete mil días juntos*...

♦ Marilyn Monroe: *Con faldas y a lo loco, Niágara, Los caballeros las prefieren rubias, Bus stop, La tentación vive arriba, Vidas rebeldes...*

♦ Carmen Maura: *Mujeres al borde de un ataque de nervios, Tigres de papel, La ley del deseo, Extramuros, La alegría está en el campo, Baton rouge...*

♦ Marlon Brando: *Un tranvía llamado deseo, El padrino, Julio César, El último tango en París, Apocalipsis now, Viva Zapata, La ley del silencio...*

♦ Katharine Hepburn: *La fiera de mi niña, Historias de Filadelfia, La costilla de Adán, La Reina de África, En el estanque dorado, La estirpe del dragón...*

♦ Victoria Abril: *La muchacha de las bragas de oro, El Lute, Amantes, Átame, Felpudo maldito, Tiempo de silencio, Tacones lejanos...*

♦ Federico Luppi: *Un lugar en el mundo, Cronos, La ley de la frontera, Nadie hablará de nosotras cuando hayamos muerto, Éxtasis...*

15. Significado de las siglas:

OTAN:   Organización del Tratado del Atlántico Norte
RENFE:  Red Nacional de Ferrocarriles Españoles
APA:    Asociación de Padres de Alumnos
VIP:    *Very Important Person*
BBV:    Banco Bilbao Vizcaya

| IVAM: | Instituto Valenciano de Arte Moderno |
| BNG: | Bloque Nacionalista Gallego |
| CNT: | Confederación Nacional del Trabajo |
| PYME: | Pequeña y Mediana Empresa |
| CCOO: | Comisiones Obreras |
| ONU: | Organización de las Naciones Unidas |
| FMI: | Fondo Monetario Internacional |
| INEM: | Instituto Nacional de Empleo |
| OPEP: | Organización de Países Exportadores de Petróleo |
| RTVE: | Radio Televisión Española |
| SIDA: | Síndrome de Inmunodeficiencia Adquirida |
| OPA: | Oferta Pública de Adquisición |
| UGT: | Unión General de Trabajadores |
| UVI: | Unidad de Vigilancia Intensiva |
| PNV: | Partido Nacionalista Vasco |
| ONCE: | Organización Nacional de Ciegos Españoles |
| CEE: | Comunidad Económica Europea |
| RNE: | Radio Nacional de España |
| DNI: | Documento Nacional de Identidad |

16. Citemos como grandes diarios de ámbito nacional:

*El País, El Mundo, ABC, La Vanguardia, El Periódico de Catalunya, Ya, Diario 16...*

Y como grandes semanarios:

*Hola, Diez minutos, Interviú, Cambio 16, Lecturas, Semana, Pronto...*

17. Los autores de las obras maestras en distintas artes (literatura, teatro, pintura, música) son los siguientes:

*Lo que el viento se llevó*: Margaret Mitchell
*Hamlet*: William Shakespeare
*La Odisea*: Homero
*David Copperfield*: Charles Dickens
*Las meninas*: Velázquez
*Oda a la Alegría*: Ludwig van Beethoven
*Madame Bovary*: Gustave Flaubert
*Fortunata y Jacinta*: Benito Pérez Galdós
*Bolero*: Maurice Ravel
*Noches en los jardines de España*: Manuel de Falla
*Rojo y negro*: Stendhal
*La colmena*: Camilo José Cela
*La Divina Comedia*: Dante Alighieri
*El avaro*: Molière
*La Gioconda*: Leonardo da Vinci
*Los fusilamientos del 3 de mayo*: Goya
*La vida es sueño*: Pedro Calderón de la Barca
*Las cuatro estaciones*: Antonio Vivaldi

*Las señoritas de Avignon*: Pablo Ruiz Picasso
*Ulises*: James Joyce
*La Traviata*: Giuseppe Verdi
*Novelas ejemplares*: Miguel de Cervantes
*Guerra y paz*: Leon Tolstói
*El árbol de la ciencia*: Pío Baroja
*Los girasoles*: Vincent van Gogh

18. ¿A quién (o a qué) se aplican estos sobrenombres o expresiones?

El rey de la rumba catalana: Peret
Limpia, fija y da esplendor: la Real Academia Española
El mago del suspense: Alfred Hitchcock
La isla de la calma: Menorca
El caballero de la triste figura: Don Quijote
La caja tonta: la televisión
La dama de hierro: Margaret Thatcher
La ciudad luz: París
El pequeño ruiseñor: Joselito
El manco de Lepanto: Miguel de Cervantes
La reina de la salsa: Celia Cruz
La piel de toro: la península Ibérica
El fénix de los ingenios: Félix Lope de Vega
El rey del rock: Elvis Presley
La gran manzana: Nueva York
La voz: Frank Sinatra

Las islas afortunadas: islas Canarias
El mejor alcalde de Madrid: Carlos III
El hijo del viento: Carl Lewis
La ciudad eterna: Roma

19. Entre las estrellas del jazz (músicos o cantantes), se pueden citar los siguientes:

| | | |
|---|---|---|
| Ray Charles | Louis Armstrong | Miles Davis |
| Bessie Smith | Sarah Vaughan | Maxim Saury |
| Nat King Cole | Sidney Bechet | Claude Luther |
| Charlie Parker | John Coltrane | Tete Montoliu |
| Ella Fitzgerald | Lena Horne | Glenn Miller |
| Duke Ellington | Claude Bolling | Count Basie |

# 4. MEMORIA AUDITIVA
## (o memoria de las informaciones oídas)

Este capítulo está dedicado a la memorización de las informaciones que oímos, de forma voluntaria o no. Diariamente, este tipo de memoria se encuentra implicado de manera natural en las conversaciones, la escucha de informaciones radiofónicas y televisivas, discursos, conferencias, pero también en la audición de distintos ruidos que constituyen nuestro ambiente habitual de vida...

Por regla general, la memoria auditiva se ejercita en menor medida y está menos desarrollada que la memoria visual. Se encuentra muy relacionada con la calidad de la acuidad auditiva (no se recuerda una información que se ha escuchado mal), pero como veremos también está muy ligada a las modalidades de tratamiento de la información y a la comprensión y asimilación intelectual.

Todo lo mencionado anteriormente en relación a las cinco preguntas que hay que plantearse, es decir, las cinco reglas de la memoria, se aplica también a la memoria de lo que se escucha. Pero, en este caso, una estrategia muy efectiva de memorización voluntaria consiste en visualizar simultáneamente lo que se registra por el oído. Se trata de traducir en imágenes el discurso de su interlocutor, la escena que nos ha descrito o las situaciones o acontecimientos que nos ha relatado.

**Recuerde:**
**La visualización refuerza la memoria auditiva.**

Este tipo de memoria es muy sensible a las interferencias. Las informaciones escuchadas pueden reactivar antiguos recuerdos por asociación de ideas, o suscitar representaciones mentales ajenas al discurso del interlocutor. Y, con frecuencia, tomamos estas interferencias como realidades.

Esta memoria es también muy sensible a nuestras capacidades intelectuales de comprensión, integración, lógica, inducción y deducción. Una vez más se constata hasta qué punto memoria, lenguaje e inteligencia son inextricables.

A continuación se proponen una serie de ejercicios sobre la memoria auditiva a partir de textos que puede leer en voz alta o, mejor aún, hacer leer a alguien (otra medida excelente puede ser grabar esos textos en un magnetófono).

Durante esas lecturas, permanezca atento tanto a la fonética de las palabras como al sentido del texto, intentando siempre traducirlo en imágenes.

# EJERCICIO

Lea en voz alta el siguiente texto (o mejor, si es
posible, pida a una persona que se lo lea):

«La señora Duval debía telefonearme a las tres
de la tarde. Son las tres y media; probablemente habrá tenido un imprevisto. Son cosas que pasan. Debo
ausentarme una hora, más o menos. Si telefonea, ¿puede transmitirle un mensaje de mi parte? Dígale que no
he visto al señor Nicolás esta mañana, pero que pasaré
por su casa esta tarde para recuperar el catálogo. No
se preocupe, ella ya sabrá de qué hablo. Gracias, hasta
pronto.»

Pase la página y responda las preguntas.

# PREGUNTAS

- ¿Cuántas personas aparecen implicadas en este texto?
- Diga sus nombres.
- ¿Cuál es el mensaje que debe transmitir a la señora Duval?

Escriba algunos proverbios y sentencias conocidas a partir de estos elementos:

COJO
PÁJARO
PAN
AGUA
ROMPER
ESPEJO
FRÍO
HÁBITO
TUERTO
HIERRO

Respuestas en la página siguiente.

COJO: Se coge antes a un mentiroso que a un cojo.

PÁJARO: Más vale pájaro en mano que ciento volando.

PAN: A buen hambre no hay pan duro.

AGUA: Agua que no has de beber, déjala correr.

ROMPER: Tanto va el cántaro a la fuente que al final se rompe.

FRÍO: Gato escaldado del agua fría huye.

HÁBITO: El hábito no hace al monje.

TUERTO: En el país de los ciegos, el tuerto es el rey.

HIERRO: Quien a hierro mata, a hierro muere.

## EJERCICIO

Lea en voz alta el siguiente texto (o mejor, si es posible, pida a una persona que se lo lea):

«Un teléfono con un sofisticado contestador automático dispone de una serie de elementos que permiten no sólo grabar los mensajes recibidos, sino también marcar automáticamente algunos números prefijados, hablar y escuchar sin descolgar el auricular, no ser escuchado por su interlocutor sin necesidad de interrumpir la comunicación, repetir automáticamente el último número marcado y, por último, llamar desde otro teléfono o desde una cabina pública a su aparato para, a través de un código numérico, escuchar los mensajes grabados.»

Vuelva la página y responda la pregunta.

♦ ¿Cuáles son las características de este aparato telefónico?

Escriba varios proverbios y sentencias conocidas a partir de estos elementos:

CIELO
MARTES
VIÑA
LADRÓN
RÍO
HORA
PICAR
CUCHARA
HOYO
PERRO

Respuestas en la página siguiente.

CIELO: Si has nacido para martillo, del cielo te caen los clavos.

MARTES: En martes, ni te cases ni te embarques.

VIÑA: De todo hay en la viña del Señor.

LADRÓN: Cree el ladrón que todos son de su condición.

RÍO: A río revuelto, ganancia de pescadores.

HORA: No se ganó Zamora en una hora.

PICAR: Quien se pica, ajos come.

CUCHARA: En casa del herrero, cuchara de palo.

HOYO: El muerto al hoyo y el vivo al bollo.

PERRO: Atar a los perros con longaniza.

Lea en voz alta el siguiente texto (o mejor, si es posible, pida a una persona que se lo lea):

«Este sábado teníamos que salir lo más pronto posible, casi de madrugada, pero antes había que pasar a recoger a mi tío, mi tía y su hija, por lo que no pudimos salir de Barcelona hasta las nueve. A esa hora, el tráfico era ya bastante denso y no podíamos pasar de los setenta kilómetros por hora. El maletero estaba a tope; pensábamos que lo llevábamos todo pero, al llegar al peaje de Martorell, nos dimos cuenta de que habíamos olvidado un pijama, las fundas de las almohadas y el transistor.»

Pase la página y responda las preguntas.

- ◆  ¿Cuál era el lugar de destino del viaje?
- ◆  ¿Qué día y a qué hora salieron por fin?
- ◆  ¿Cuántos pasajeros iban a bordo?
- ◆  ¿Qué olvidaron?
- ◆  ¿A qué velocidad circulaban?

Escriba algunos proverbios y sentencias conocidas a partir de estos elementos:

VESTIR
PAREJA
MOLINO
NOCHE
MISA
CORAZÓN
DESPACIO
VIENTO
LANA
NUNCA

Respuestas en la página siguiente.

VESTIR: Aunque la mona se vista de seda, mona se queda.

PAREJA: Cada oveja con su pareja.

MOLINO: Agua pasada no mueve molino.

NOCHE: De noche todos los gatos son pardos.

MISA: No se puede estar en misa y repicando.

CORAZÓN: Ojos que no ven, corazón que no siente.

DESPACIO: Las cosas de palacio van despacio.

VIENTO: Las palabras se las lleva el viento.

LANA: Ir por lana y salir trasquilado.

NUNCA: Más vale tarde que nunca.

## EJERCICIO

Lea en voz alta el siguiente texto (o mejor, si es posible, pida a alguien que se lo lea):

«La preocupación por la economía llegó aún más lejos. La señora Tulsi ordenó que no se tiraran los botes de hojalata e hizo venir a un herrero de Arwacas. Durante dos semanas, compartió comida con la gente de la casa, durmió en la galería y fabricó tazas y platos de estaño. De una lata de sardinas hizo un silbato. No se compró más tinta; un líquido violeta, pálido pero indeleble, se extrajo de las pequeñas bayas de salvia negra. Cuando la señora Tulsi se enteró de que se tiraban las cáscaras de los cocos, decidió que se utilizaran para rellenar colchones y cojines, a ser posible para venderlos. Las viudas y sus hijos pusieron en remojo, molieron, extendieron y cortaron en filamentos las cáscaras de coco, lavaron la fibra y la secaron, y después la señora Tulsi hizo llamar al colchonero de Arwacas, quien, durante un mes, confeccionó mantas y cojines.»

V. S. Naipaul, *Una casa para el señor Biswas*, Gallimard, 1964.

Vuelva la página y responda a las preguntas.

## PREGUNTAS

- ¿Qué fabricó el herrero?
- ¿Qué labor se encargó al colchonero?
- ¿Quién vive en la casa del señor Biswas?

Escriba varios proverbios o sentencias conocidas a partir de estos elementos:

PERRO
PALABRA
ÁRBOL
CLAVO
PALO
MONTE
APRETAR
FIGURA
TEMPRANO
DAR

Respuestas en la página siguiente.

PERRO: Perro ladrador poco mordedor.

PALABRA: A buen entendedor, pocas palabras bastan.

ÁRBOL: Quien a buen árbol se arrima, buena sombra le cobija.

CLAVO: Un clavo quita otro clavo.

PALO: De tal palo, tal astilla.

MONTE: No todo el monte es orégano.

APRETAR: Quien mucho abarca, poco aprieta.

FIGURA: Genio y figura hasta la sepultura.

TEMPRANO: No por mucho madrugar amanece más temprano.

DAR: Donde las dan, las toman.

# EJERCICIO

Lea en voz alta el siguiente texto (o mejor, si es posible, pida a otra persona que se lo lea):

«Durante los primeros minutos, en la pequeña fiesta que tenía lugar en el despacho de la planta baja para celebrar la jubilación de Paul el ambiente estuvo un tanto tenso. Se pasaban las copas y los canapés, se vertía ceremoniosamente y en pequeñas dosis el cava, que todos elogiaban como excelente, y se respetaba la jerarquía: los tres directores estaban en primer plano, delante de los cinco ejecutivos, y éstos delante de los seis empleados. Pero, poco a poco, el ambiente se distendió; la risa de la señora Plume se hizo más contagiosa, Henry empezó a explicar sus recuerdos del servicio militar y Michel contaba sus estrambóticas anécdotas. La pequeña reunión terminó con un escueto discurso de Alexandre, cuya elegancia y brevedad fue apreciada por todos.»

Gire la página y responda a las preguntas.

## PREGUNTAS

- ¿Cuántas personas había en la reunión?
- ¿Quién era el homenajeado?
- ¿Quién explicaba sus recuerdos de la mili?
- ¿Cómo se desarrolló la fiesta?
- ¿Cómo se llamaba la señora de risa contagiosa?
- ¿Cómo terminó la reunión?

## Aplicaciones en la vida cotidiana

Por la noche, en su casa, recuerde las noticias escuchadas en radio o televisión. Si lo considera necesario, escríbalas en un cuaderno.

Haga una lista de las personas con que se ha encontrado durante la jornada.

¿Recuerda lo que ha dicho cada una de ellas de importante o de especial?

Intente recordar la manera en que cada una se expresaba, su acento, sus tics lingüísticos o las expresiones que acostumbra a utilizar.

Puede ampliar este ejercicio con las personas que encontró el día anterior.

En un cuaderno, escriba las historias curiosas que conozca, intentando recordar qué personas se las contaron y en qué circunstancias (momento del día, entorno, situación, etc.).

Recuerde, y en caso de necesidad escríbalos, algunos mensajes publicitarios o eslóganes escuchados a lo largo del día en radio o televisión. Por ejemplo: «Las imprudencias se pagan, cada vez más.»

Intente recordar, y si lo cree oportuno escríbalos, algunos proverbios o expresiones de tradición oral (raramente se escriben) como: «cuando las ranas críen pelo»; «ser cola de león o cabeza de ratón»...

# Módulo 3
# ORGANIZACIÓN
# INTELECTUAL

## 1. GESTIONAR EL ESPACIO

## 2. RAZONAR
### (o inducir y deducir)

La organización intelectual es la encargada de definir las diferentes modalidades de fabricación de las imágenes mentales a partir del funcionamiento de la inteligencia. Esta función del cerebro nos proporciona instrumentos que nos permiten aprender a aprender. No se trata aquí de almacenar conocimientos sistemáticamente, sino más bien de integrar métodos intelectuales indispensables para su adquisición y utilización. Ha podido comprobar ya la importancia de las operaciones intelectuales en el desarrollo de la memoria, ya que ahora conoce las estrategias de asociaciones de ideas, de criterios/referencias, de clasificación, de organización... y otras tantas manifestaciones de la inteligencia que determinan nuestros comportamientos.

Por tanto, ¿a qué se llama inteligencia?

Se debe precisar de entrada que, al igual que la memoria y el lenguaje, la inteligencia no puede ser una función unitaria. Del mismo modo que cuando hablamos de actividades mnésicas o verbales, nos referimos a actividades intelectuales para designar la multiplicidad de los tipos de inteligencia y de operaciones intelectuales. Por operación intelectual se entiende una conducta, una estrategia o un procedimiento que se aplican en respuesta a un problema, a una situación determinada o a las necesidades de la vida cotidiana. Así pues, las operaciones intelectuales son instrumentos que nos permiten gestionar los problemas relacionados con la adaptación a nuestro entorno.

Dado que la inteligencia no sólo responde a la pregunta de «cómo hacer» sino también a la de «qué hacer», se puede elaborar una definición muy general diciendo que se trata de una facultad mental que permite identificar relaciones y establecer conexiones en función de comportamientos adaptados. Esta definición hace hincapié sobre los conceptos de relaciones, de integración, de interconexiones de informaciones, nociones que remiten a la organización cerebral en redes de redes neuronales. También se podría concluir que el organizador de esta dinámica cerebral sería precisamente la inteligencia, como sistema que gestiona los diferentes sistemas que intervienen en el tratamiento y la utilización de las informaciones.

También hemos visto que los factores psicoafectivos desempeñan un papel fundamental en un gran número de nuestros comportamientos. Por tanto, asimilar el psiquismo a sus sustratos neurofisiológicos y neurobiológicos sería peligrosamente reductor. Todos conocemos a personas de nuestro entorno social, familiar o profesional muy cultivadas y con montones de diplomas que, por razones psicoafectivas, no se encuentran siempre «a la altura de las circunstancias». Así pues, es lícito pensar que, en términos de eficacia, es decir, de óptima adaptación a las situaciones de la vida cotidiana, los factores psicoafectivos desempeñan un papel tan preponderante como los factores estrictamente intelectuales o cognitivos. El equilibrio entre lo cognitivo y lo afectivo se revela así como el único garante de los comportamientos adaptados.

Las estrategias mencionadas anteriormente son muy habituales, pero no son las únicas operaciones intelectuales necesarias para el desarrollo de la memoria. Este capítulo está dedicado a las restantes operaciones intelectuales que intervienen en la efectividad cognitiva y que se reagrupan bajo el concepto global de «lógica».

No se trata aquí de dar grandes explicaciones sobre los múltiples engranajes de la lógica. Cada persona tiene una historia personal que no puede ser reescrita. Nuestra historia explica nuestro tipo de organización intelectual: cada cual ha adquirido más o menos bien o más o menos mal, o incluso no ha adquirido, algunos mecanismos de funcionamiento intelectual. Nuestra intención no es analizar las adquisiciones o las no adquisiciones de cada persona, o su propia organización intelectual, para modificarlas completamente. En este terreno, ningún adulto puede plantearse partir nuevamente de cero. Se trata de un estado ya consumado, que explica la extrema diversidad y variabilidad inter e intraindividual: algunas personas pueden revelarse extremadamente efectivas para algunas tareas intelectuales, y nulas para otras.

Por el contrario, en el contexto de esta obra siempre es posible, a partir de los recursos de que se dispone, desarrollar y optimizar sus capacidades y su organización intelectual, e incluso adquirir algunos tipos de operaciones intelectuales. Nuestro objetivo principal no es intentar desarrollar directamente la inteligencia, *stricto sensu*, sino arrojar luz sobre el papel de las operaciones intelectuales en los comportamientos de la vida cotidiana y, de forma más estrechamente relacionada con los temas que aquí nos interesan, utilizar estas operaciones en las situaciones de aprendizaje y memorización. Así pues, la inteligencia interviene en la memoria como un catalizador o un factor regulador, al igual que las restantes funciones cognitivas y la afectividad.

Se podría resumir todo esto diciendo que la inteligencia garantiza el análisis, la síntesis y la compresión de las informaciones, desentraña su lógica (es decir, sus interrelaciones), asegura su asimilación y determina la conducta del sujeto. La capacidad de éste para transferir las informaciones adquiridas y aprendidas en contextos antiguos, actuales y futuros desempeñará un papel nada desdeñable en su propia evolución.

# 1. Gestionar el espacio

En el capítulo dedicado a la imaginería visual comprobamos la importancia de las referencias espaciales (arriba, abajo, derecha, izquierda, etc.) en la constitución de los recuerdos visuales. A continuación profundizaremos en las principales estrategias de construcción del espacio a partir de criterios espaciovisuales. Estas estrategias nos permitirán orientarnos en el espacio, representarnos ese espacio y construir algunos aspectos del pensamiento a partir de conceptos como «menor o mayor que», «antes-después», etc. La función intelectual de organización espaciovisual desempeña un papel crucial en un amplio número de comportamientos.

Tomemos un ejemplo bastante frecuente en nuestra vida cotidiana: a veces nos sucede que, cuando circulamos en automóvil, deseamos girar a la derecha en un cruce. Una señal de prohibición a la derecha nos obliga a tomar otra dirección. Después hacemos un primer giro, a veces un segundo, e incluso un tercero... hasta que acabamos por perdernos completamente. Entonces pensamos: «No tengo ningún sentido de la orientación, ninguna memoria de los espacios.»

En realidad, no es nada de eso. Ahora sabe que sólo puede memorizarse un espacio que haya sido construido previamente. En este caso, la pregunta número 5 encuentra todo su sentido: me he perdido, o mejor aún, no me acuerdo del trayecto que he recorrido; en otras palabras, ¿he efectuado bien las operaciones de construcción del espacio que habrían evitado que me extraviara? Si la respuesta a esta pregunta es negativa, es muy normal que se haya perdido.

Los siguientes ejercicios le darán la ocasión de comprobar cuáles son sus puntos fuertes y débiles en materia de gestión del espacio. Como subrayamos anteriormente, no todos partimos del mismo punto en este terreno. Ya sea por sus estudios, su profesión o simplemente por su interés personal, algunas personas dominan estos ejercicios con mayor facilidad que otras. Por tanto, éstos resultarán especialmente útiles a aquellos que encuentren más dificultades en la gestión espacial y que deseen solucionar sus problemas.

A lo largo de las páginas siguientes, ejercítese en construir y memorizar el espacio a partir de este principio:

Se construye el espacio a partir de referencias que corresponden a las coordenadas de las informaciones visuales. Estas coordenadas permiten establecer la posición de una información visual en relación a un sistema de referencia (cuadros, líneas y columnas, ejes horizontales, verticales, oblicuas...).

En la página siguiente, sobre la página cuadriculada:

D representa el punto de partida de un trayecto.

A el punto de llegada.

Debe realizar dicho trayecto siguiendo las indicaciones que se dan a continuación. Por ejemplo, ESTE 2 consiste en trazar una línea de dos cuadros hacia el este (la derecha).

Regresemos al punto de partida D.

Realice el siguiente circuito (de arriba abajo y de izquierda a derecha):

| | | | |
|---|---|---|---|
| SUR 5 | ESTE 12 | SUR 6 | ESTE 5 |
| OESTE 3 | SUR 15 | ESTE 3 | NORTE 11 |
| SUR 6 | OESTE 15 | NORTE 9 | ESTE 9 |
| ESTE 10 | NORTE 4 | ESTE 5 | SUR 13 |
| NORTE 7 | OESTE 5 | SUR 11 | OESTE 2 |

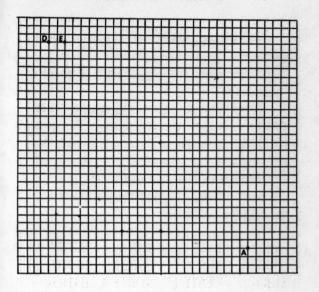

Reconstruya las indicaciones que han servido para trazar el itinerario de la página siguiente, partiendo del punto A (llegada) hasta el punto D (partida).

Por ejemplo, la primera indicación es: NORTE 3.

Prosiga hasta llegar al punto D.

Indicaciones:

NORTE 3 - - - - - - -    - - - - - - -    - - - - - - -
- - - - - - -    - - - - - - -    - - - - - - -    - - - - - - -
- - - - - - -    - - - - - - -    - - - - - - -    - - - - - - -
- - - - - - -    - - - - - - -    - - - - - - -    - - - - - - -

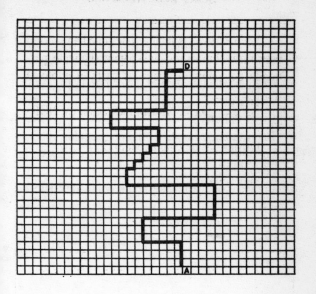

Representarse el espacio es también saber organizarlo.

## DIFICULTAD *

- ◆ Examine atentamente el cuadro de la página siguiente ☞.
- ◆ Cierre el libro.
- ◆ De memoria, coloque las figuras (círculos, cuadrados y triángulos) sobre la cuadrícula vacía de la página 328.
- ◆ Compare su distribución con la del modelo inicial.

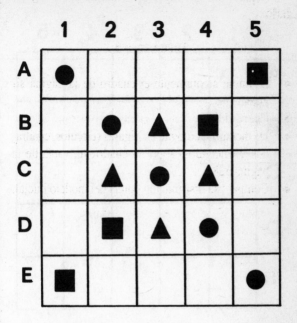

|   | 1 | 2 | 3 | 4 | 5 |
|---|---|---|---|---|---|
| A |   |   |   |   |   |
| B |   |   |   |   |   |
| C |   |   |   |   |   |
| D |   |   |   |   |   |
| E |   |   |   |   |   |

- Examine atentamente el cuadro de la parte inferior de esta página.
- Cierre el libro.
- De memoria, coloque las figuras (círculos, cuadrados y triángulos) sobre la cuadrícula vacía de la página 330.
- Compare su distribución con la del modelo inicial.

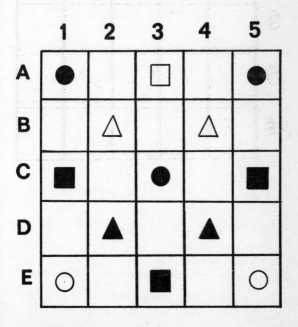

|   | 1 | 2 | 3 | 4 | 5 |
|---|---|---|---|---|---|
| **A** |   |   |   |   |   |
| **B** |   |   |   |   |   |
| **C** |   |   |   |   |   |
| **D** |   |   |   |   |   |
| **E** |   |   |   |   |   |

- Examine atentamente el cuadro de la parte inferior de esta página.
- Cierre el libro.
- De memoria, coloque las figuras (círculos, cuadrados y triángulos) sobre la cuadrícula vacía de la página 332.
- Compare su distribución con la del modelo inicial.

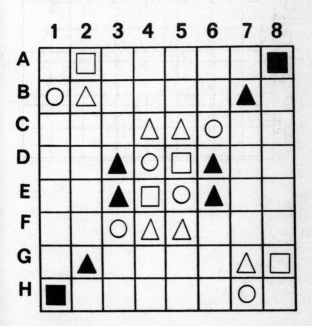

|   | 1 | 2 | 3 | 4 | 5 | 6 | 7 | 8 |
|---|---|---|---|---|---|---|---|---|
| A |   |   |   |   |   |   |   |   |
| B |   |   |   |   |   |   |   |   |
| C |   |   |   |   |   |   |   |   |
| D |   |   |   |   |   |   |   |   |
| E |   |   |   |   |   |   |   |   |
| F |   |   |   |   |   |   |   |   |
| G |   |   |   |   |   |   |   |   |
| H |   |   |   |   |   |   |   |   |

Reproducir simétricamente.

Fíjese en el dibujo que aparece en la parte izquierda de la página. Si se reproduce simétricamente en la parte derecha en relación al eje vertical central, se obtiene:

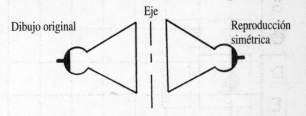

Dibujo original      Eje      Reproducción simétrica

Veamos la reproducción de otra figura:

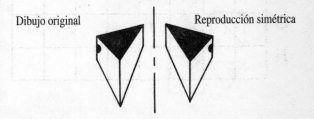

Dibujo original      Reproducción simétrica

Habitúese a considerar este sistema de representación de las cosas en simetría: algo así como si los dibujos de la izquierda se reflejaran en un espejo. Lo que se encuentra cerca del eje en el lado derecho debe encontrarse igualmente próximo en la otra vertiente. Lo mismo debe suceder con lo que está alejado.

Reproducir simétricamente.

Dibujo original | Reproducción simétrica

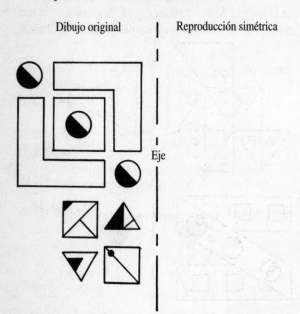

Eje

Reproducir simétricamente.

Dibujo original          Reproducción simétrica

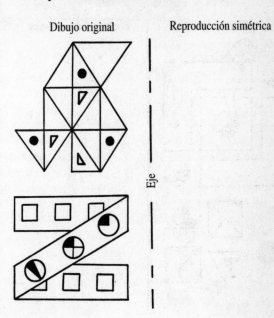

Eje

# Dificultad ***

Reproducir simétricamente.

Dibujo original          Reproducción simétrica

Eje

336

## Aplicaciones en la vida cotidiana

Memorice formas, emplazamientos, posiciones, distribuciones, lugares, circuitos, itinerarios...

Diseñe el plano de su barrio con las calles, plazas, situación de los comercios, etc.

Establezca los itinerarios más rápidos.

Reproduzca la distribución de las tiendas en las que compra habitualmente.

Reproduzca el plano de su vivienda, con la ubicación de puertas, ventanas, etc., y de los diversos elementos de mobiliario; haga lo mismo con las viviendas de sus familiares y conocidos.

Durante sus últimas vacaciones, seguramente habrá visitado varios lugares y realizado algunas excursiones:

Excursiones: reconstruya el itinerario, primero en un sentido y después en otro.

Lugares: describa los apartamentos u hoteles en que estuvo; los espacios de ocio; los monumentos visitados.

Establezca las relaciones geográficas entre esos distintos lugares (playa o pista de esquí con respecto al hotel, a la ciudad, a la carretera, etc.).

Aprenda a orientarse a pie o en coche, a leer un plano, el manual de instrucciones de un electrodoméstico o el de un mueble que se debe montar por piezas.

# 2. RAZONAR

## (o inducir y deducir)

Al igual que los ejercicios de construcción del espacio, los de razonamiento muestran hasta qué punto la memoria es tributaria de las capacidades de inducción y deducción de las informaciones. Estas capacidades se agrupan en el lenguaje corriente bajo el concepto de *lógica*.

Por tanto, los ejercicios de este capítulo invitan a reflexionar, razonar e identificar las relaciones a fin de encontrar soluciones lógicas a algunos de los problemas que afectan a nuestra vida cotidiana. En sí, estos ejercicios desarrollarán en mayor medida las capacidades de abstracción que la memoria propiamente dicha. Ésta puede revelarse muy eficaz para el razonamiento abstracto o la lógica numérica, es decir, se puede poseer una buena memoria lógica, y en cambio estar muy poco capacitado para otro tipo de informaciones. Por el contrario, podemos estar muy cualificados para las actividades estrictamente mnésicas y ser totalmente ineptos en materia de lógica pura, tal como se manifiesta en las operaciones formales de la inteligencia, que son las más evolucionadas (las que suceden a las operaciones concretas en la teoría de la inteligencia de J. Piaget). También aquí, las posibilidades son desiguales...

El valor de estos ejercicios de razonamiento no sólo reside en el interés por mostrar las interacciones de la memoria con un determinado tipo de inteligencia –la lógica–, sino también en demostrar la importancia de esta clase de operaciones intelectuales en algunas situaciones de nuestra vida cotidiana. Por otra parte, es conveniente subrayar que los ejercicios de razonamiento ayudan a mantener y desarrollar la concentración y la fuerza de reflexión, y contribuyen al mantenimiento de un elevado nivel de activación cerebral. Cuanto más trabaja un cerebro, más puede trabajar. Por tanto, el razonamiento y la lógica son valores añadidos.

◆ Complete la serie rellenando el cuadro D.
Encuentre la solución «de cabeza», sin tener
que recurrir a papeles o anotaciones.[1]

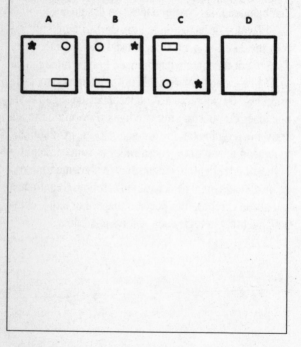

1. Las soluciones a estos ejercicios se encuentran en las páginas 346
y 347.

342

◆ Razone «de cabeza», sin tener que recurrir a anotaciones.

De esta relación de siete números, seis de ellos están interrelacionados. ¿Cuál no lo está?

5; 2; 7; 14; 28; 52; 56.

En un restaurante, el menú con suplemento cuesta 1.800 pesetas.

El mismo menú, pero sin suplemento, cuesta 700 pesetas más que el precio del suplemento.

¿Cuánto cuesta el suplemento?

¿Cuánto cuesta el menú sin suplemento?

Un vestido expuesto en un escaparate con sus complementos se vende en 35.000 pesetas.

El mismo vestido, pero sin complementos, cuesta 25.000 pesetas más que los accesorios.

¿Cuánto cuestan los complementos?

¿Cuál es el precio del vestido?

Un piso con cocina equipada se vende por diez millones de pesetas.

El apartamento cuesta ocho millones más que el equipamiento de cocina.

¿Cuánto cuesta el equipamiento de cocina?

¿Cuál es el precio del piso sin la cocina equipada?

## DIFICULTAD ***

Sobre un estanque flota un nenúfar que, cada día, duplica su volumen.

En ocho días, llena por completo el estanque.

¿En cuántos días llena la mitad del estanque?

### DIFICULTAD *

El cuadro D:

### DIFICULTAD **

La suma de los dos primeros números da el tercero.

La suma de los tres primeros números da el cuarto.

La suma de los cuatro primeros números da el quinto.

La suma de los cinco primeros números da el último.

El sexto número no presenta ninguna relación con este encadenamiento lógico.

### DIFICULTAD ***

Designemos el menú sin suplemento con la letra M, y el suplemento con la letra S. Por tanto, se puede decir que M + S = 1.800

También se puede afirmar que si M vale 700 pesetas más que S, M = S + 700.

En la relación M + S = 1.800, M puede sustituirse ahora por su valor S + 700, lo que nos dará:

S + 700 + S = 1.800;

por tanto, 1.800 – 700 = S + S ⇒ 1.100 = 2 S ⇒ S = 550

Si el menú sin suplemento costaba 700 pesetas más que el suplemento, costará: 550 + 700 = 1.250 pesetas.

Siguiendo el mismo procedimiento, se obtendrán las soluciones a los restantes problemas:

Los complementos valen 5.000 pesetas.
El vestido sin accesorios cuesta 30.000 pesetas.

El equipamiento de la cocina vale un millón de pesetas.
El piso sin cocina cuesta nueve millones de pesetas.

### DIFICULTAD ***

Como ya sabemos, el nenúfar llena el estanque en ocho días. Y también sabemos que cada día duplica su volumen.

Por tanto, el día anterior a ocupar por entero el estanque ya llenaba la mitad del mismo. Y el día anterior al octavo es... el séptimo.

347

# Conclusión

Al término de esta obra, resulta bastante difícil llegar a conclusiones sobre un tema que, como hemos visto, presenta zonas oscuras y un alto grado evolutivo, y del que todavía nos queda mucho por aprender. Cerebro, memoria, lenguaje, inteligencia, actividades cognitivas... y otros tantos ámbitos de estudio que, en muchos aspectos, resultan aún enigmáticos para los científicos. Esto es lo que nos obliga a la modestia, e incluso a la desconfianza ante ciertos discursos concluyentes y dogmáticos. Pero al mismo tiempo, aunque incompletos, nuestros conocimientos actuales reflejan un avance real con respecto a lo que se sabía de estos temas a principios de siglo.

Precisamente porque en la actualidad disponemos de algunas nociones sólidas, incluso irrefutables, me he autorizado a establecer unas cuantas articulaciones entre esas distintas disciplinas. Estas nociones se apoyan sobre las investigaciones llevadas a cabo en materias tan diversas –aunque próximas– como la neurofisiología, la neurobiología, la neuropsicología, la psicopedagogía o la psicología. Si bien es cierto que cada una de ellas aporta enfoques distintos sobre el funcionamiento cognitivo, la mayoría de equipos científicos tiende a ser multidisciplinar. Por el contrario, les resulta más difícil ser interdisciplinares, es decir, devenir una comunidad de lenguaje. Por tanto, los investigadores deben recorrer aún mucho camino si quieren alcanzar tal objetivo y contribuir al progreso en la comprensión del cerebro y sus funciones, lo que nos permitirá hacer su trabajo más accesible a una amplia mayoría sin desnaturalizar su contenido.

Sin embargo, podría argumentarse que ¿no se trata de un riesgo muy elevado, casi un desafío al rigor intelectual, vulgarizar unos conceptos que aún no se conocen bien? Mi principal preocupación ha sido la de evitar dos clases de desviaciones extremistas.

La primera consistiría en mantener propósitos utópicos sobre la plasticidad cerebral y sobreestimar el beneficio de la estimulación intelectual, excesos que se encuentran en ciertos seudométodos en los que se propone ingenuamente hinchar la memoria como si se tratara de los abdominales...

La segunda sería justamente la contraria, un exceso de prudencia que condujera al lector a perder todo interés por la estimulación intelectual y las técnicas susceptibles de mantener y desarrollar su potencial cerebral.

Al ser este libro una especie de diálogo con el lector, es también a éste a quien corresponde ejercer su espíritu crítico, desconfiar de su propio mecanismo que, a menudo inconscientemente, transforma lo que lee en lo que desearía leer...

Mi objetivo ha sido, ante todo, pedagógico. A lo largo de todas estas páginas he insistido sobre la multiplicidad de las actividades mnésicas y sus interrelaciones con las restantes actividades cognitivas (perceptivas, intelectuales, verbales), por una parte, y, por otra, con la afectividad. Tener una buena memoria es, antes que nada, disfrutar de una buena salud física y psíquica, pero también dominar en la medida de lo posible las estrategias de la cognición, esa aptitud inherente al cerebro de adquirir conocimientos y utilizarlos de forma apropiada en nuestros comportamientos cotidianos.

Dominar esas estrategias implica necesariamente conocer y controlar un punto fundamental, el de la organización estructural y funcional del cerebro. La primera parte del libro ha estado consagrada a este tema. Recordemos que nuestro cerebro ha sido concebido y funciona según un programa genético determinado, y que cada uno de sus dos hemisferios –y en su interior, los distintos lóbulos y tipos de células nerviosas– es responsable de funciones específicas. Pero también sabemos que innumerables conexiones entre neuronas aseguran los intercambios de un hemisferio a otro, de un lóbulo a otro, de un tipo de población celular a otro, creando así un auténtico cableado nervioso. Es este cableado el que confiere al cerebro su potente poder de tratamiento de la información, con la mediación de los distintos sistemas cognitivos que son las facultades de atención-concentración, la percepción, el lenguaje, la memoria y la inteligencia. Estos sistemas determinan otros tantos métodos de tratamiento de la información. Expresan las capacidades anatómicas, neurofisiológicas y neurobiológicas del cerebro, activadas bajo el efecto de las estimulaciones. Estos estímulos procedentes tanto del mundo exterior como interior favorecerán la activación del cableado nervioso y, en el transcurso de nuestra existencia, su transformación. ¿En qué consistirán estas modificaciones? En un incremento de las arborizaciones dendríticas y de la efectividad sináptica, que será posible gracias a la capacidad inherente al propio cerebro que se conoce como plasticidad cerebral. El cerebro es «plástico» en el sentido de que se puede modificar en respuesta a lo que pasa en su entorno. Es cierto que estamos definidos desde un principio por nuestro patrimonio genético, pero, como hemos recalcado con frecuencia, nuestro medio contribuye ampliamente a la manifestación de ese patrimonio, favorablemente o no, según la intensidad y calidad de nuestros estímulos.

A partir de nuestros más sólidos conocimientos, los más reconocidos por la comunidad científica internacional, he propuesto las tres grandes familias de estrategias cognitivas con mayor fundamento: la imaginería visual, la imaginería semántica y la organización intelectual. Éstas permitirán mejorar su potencial cerebral, pero siempre sobre la base de que, antes de leer este libro, usted ya utilizaba, consciente o inconscientemente, algunos elementos de estos métodos en su vida cotidiana: algunas personas privilegian las codificaciones visuales, otras las semánticas, o incluso un mismo individuo puede revelarse más «visual» para unas determinadas tareas y más «verbal» para otras. Pero tal vez el mayor interés de esta obra resida precisamente en la luz que arroja sobre las articulaciones entre la «memoria» de los laboratorios científicos, estudiada por los especialistas, y la «memoria» que se manifiesta (o nos juega pasadas...) en nuestra vida cotidiana.

Si estas páginas han conseguido mejorar su memoria y, a la vez, sucitar un cierto interés por «la memoria de los laboratorios», habrán cumplido plenamente su objetivo.

# Glosario

**Activación:** Transición de un nivel determinado de actividad del sistema nervioso a un nivel superior. Incremento de la actividad cerebral.

**Axón:** Prolongación única de una neurona. Cuando se agrupan, los axones constituyen los nervios.

**Codificación:** Operación de la memoria consistente en registrar informaciones y después transformarlas en representaciones mentales.

**Cognitivo:** Que se refiere a la *cognición*, es decir, la facultad de adquirir y utilizar conocimientos.

**Córtex:** Especie de corteza arrugada, de unos tres milímetros de espesor, que recubre los dos hemisferios cerebrales. Es la parte del cerebro en la que se localizan las funciones más evolucionadas.

**Cuerpo calloso:** Haces de fibras nerviosas que relacionan los dos hemisferios cerebrales.

**Dendritas:** Partes de cada neurona en contacto con otra neurona. Las dendritas forman *arborizaciones*.

**Eficiencia:** Rendimiento, eficacia.

**Hemisferio cerebral:** Mitad (izquierda o derecha) del cerebro. Cada hemisferio está dividido por hendiduras y circunvoluciones en *lóbulos* responsables de funciones concretas.

**Lóbulo cerebral:** Parte de un hemisferio cerebral responsable de una función concreta. Hay cuatro lóbulos por hemisferio: frontal, parietal, temporal y occipital.

**Mnésico:** Término que designa todo lo que concierne a la memoria.

**Neurobiología:** Estudio de los mecanismos celulares y moleculares del sistema nervioso.

**Neurociencias:** Ciencias del sistema nervioso. Comprenden principalmente la neuroanatomía, la neurofisiología, la neurobiología, la neuropsicología, la bioenergética y la bioinformática.

**Neurofisiología:** Estudio del funcionamiento normal del sistema nervioso.

**Neuroglia:** Tejido denso que contiene las neuronas, en el que éstas encuentran los elementos nutritivos necesarios para su actividad y supervivencia.

**Neurona:** Célula del sistema nervioso.

**Neuropsicología:** Estudio del comportamiento psíquico, en relación con la neurofisiología y la neurobiología.

**Palmo:** Capacidad máxima de informaciones que una persona puede registrar simultáneamente en la mente y restituir inmediatamente tras haberlas aprehendido.

**Plasticidad cerebral:** Capacidad del cerebro para desarrollarse en su estructura y funcionamiento bajo el efecto de estímulos apropiados y constantes.

**Semántica (memoria):** Memoria que concierne a los acontecimientos y conceptos culturales.

**Sinapsis:** Zona de contacto y de transmisión de una a otra neurona.

**Sistema nervioso:** Conjunto formado por el cerebro, la médula espinal y los nervios.

**Tratamiento de la información:** Operaciones cerebrales que intervienen en el nivel de codificación, consolidación y recuperación de las informaciones.

# Bibliografía

Para quienes quieran ampliar sus conocimientos, he aquí algunos tratados que les proporcionarán una documentación útil.

Atkinson, R. L., Atkinson, R. C., Smith, E. E., e Hilgard, E. R., *Introduction à la psychologie*, Études vivantes, 1987.

Boulu, P., *La dynamique du cerveau*, Payot, 1991.

Bourre, J. M., *La diététique du cerveau*, Odile Jacob, 1990.

Changeux, J. P., *L'homme neuronal*, Fayard, 1983.

Chapoutier, G., *Mémoire et cerveau, biologie de l'apprentissage*, Le Rocher, 1988.

Delacour, J., *Neurobiologie des comportements*, Hermann, éditeur des sciences et des arts, 1984.

*Éducation permanente*, n.° 88-89: «Apprendre peut-il s'apprendre?»

Godaux, E., *Cent millions de neurones*, Belin, 1990.

Jean-Moncler, G., *Des méthodes pour développer l'intelligence*, Belin, 1991.

Lamour, Y., *Le vieillissement cérébral*, P.U.F., 1990.

Lapp, D., *Comment améliorer sa mémoire à tout âge*, Dunod, 1989.

Richard, J. F., *Les activités mentales*, Armand Colin, 1990.

Trocmé-Fabre, H., *J'apprends donc je suis, introduction à la neuropédagogie*, Les Éditions d'organisation, 1987.

# Índice

# VIDA POSITIVA

Cómo ejercitarla, conservarla y desarrollarla. Un método progresivo, sencillo y eficaz con más de 100 ejercicios.

Manual práctico de autocuración mediante afirmaciones, visualizaciones, acupresura y cromoterapia.

Técnicas simples y efectivas para aliviar dolores y cuidar su espalda, cuello y hombros en su ducha o bañera.

*Libros para un nuevo estilo de vida*

# VIDA POSITIVA

180 estrategias sencillas
para superar obstáculos y
alcanzar los objetivos
que deseas.

Ejercicios sencillos pa
alcanzar la abundanc
material y espiritua

El optimismo en acción para
combatir con eficacia la
melancolía y la
depresión.

*Libros para un nuevo estilo de vida*

# VIDA POSITIVA/SALUD NATURAL

Ejercicios prácticos, simples y eficaces para resolver los problemas de fatiga y tensión y alcanzar la paz interior.

Introducción a la aromaterapia básica y familiar.

Guía práctica del despertar interior. Ejercicios simples para acceder a nuestra dimensión sagrada.

*Libros para un nuevo estilo de vida*

# VIDA POSITIVA

Descubra el significado de
sus sueños, para conocerse
mejor y mejorar su vida.

El arte de curar con l
propias manos utilizanc
sus energías magnética

Consejos de esperanza y
comprensión para superar
los malos momentos y
poder disfrutar de la vida.

*Libros para un nuevo estilo de vida*

# VIDA POSITIVA

Una gran colección de visualizaciones guiadas para resolver conflictos emocionales y superar situaciones difíciles.

Técnicas para descubrir el poder curativo de la respiración y reencontrar la armonia interior.

Un libro que enseña a dirigir y aprovechar el flujo de nuestra energía vital para alcanzar el máximo bienestar.

*Desarrollo personal-autocuración-vida interior*

# VIDA POSITIVA/SALUD NATURAL

Recetas y consejos para
tener más energía y
prevenir o curar las
dolencias más comunes.

Un programa para ser n
dinámico, perder peso
ganar en vitalidad.

Las mejores recetas para
equilibrar nuestra alimentación
diaria.

*Libros para un nuevo estilo de vida*